Miguel Sánchez-Ávila

Unidos por la misma sangre: Otra parte de la historia

Copyright © 2019

Miguel Sánchez Ávila

Palabra, Gloria y Poder

New York/Ecuador/Chile

Prohibida la reproducción total o parcial por cualquier medio de reproducción, sin el debido permiso por escrito de su autor. A menos que se indique lo contrario, todos los textos bíblicos han sido tomados de la versión Reina – Valera 1960.

INDICE

PREFACIO 6

INTRODUCCIÓN 14

CAPITULO PRELIMINAR 19

La confrontación 19

Doce años 32

El ídolo 42

El llamado 59

Los tres adversarios 82

Promesas de Dios para tu descendencia 94

La seducción 102

CAPITULO FINAL 111

¿También te quieres ir? 111

Persecución 124

Despedidas 143

La propuesta 154

Tres días 167

María 178

La visita 183

CONCLUSIÓN 201

PREFACIO

La vegetación era baja, escasa y muy dispersa. Superficies sin cubrir y ocupadas por arena, piedras y rocas, arbustos aislados y plantas con espinas. Era claro que la situación geográfica de Israel, con un 60% de superficie desértica, la ubicaban en una zona de influencias climáticas diversas: Por una parte los desiertos de África y Asia, secos y húmedos, y por otro lado el mar mediterráneo, cálido y húmedo.

Era muy caluroso, fruto de los vientos secos y calientes procedentes del desierto de arabia. Ya habían pasado 40 días y 40 noches desde que aquel joven de treinta años había sido bautizado por su primo en las aguas del Jordán. Juan, vestido de pelo de camello y con un cinto de cuero alrededor de sus lomos, al principio no podía aceptar que Jesús hubiera venido a él para bautizarle…

-¡¿Yo necesito ser bautizado por ti y tú vienes a mí?!

Pero se tenía que cumplir toda justicia y plan de Dios, y Juan lo bautizó. Ante sus maravillados ojos, había podido ser testigo de cómo el cielo fue abierto y miró al mismo Espíritu de Dios descender sobre Jesús como paloma y escuchar la voz del Padre diciendo: - Este es mi hijo amado, sobre el cual tengo complacencia.

Ahora Jesús tenía una fuerte hambre pero no podía terminar todavía su ayuno. Debía de ser tentado.

Ya había pasado pruebas durante su temprana juventud en el pueblo de Nazaret, donde su carácter como joven y todo Dios y Mesías había sido probado. Más estaba por venir. Recibiría muchos desprecios, no iba a ser aceptado por los suyos, pero a la vez cumpliría de esta misma forma su propósito de salvación a la humanidad, para todo aquel que lo aceptara y recibiera.

Nazaret, una zona agricultora, artesana y "analfabeta". Por los menos, todo galileo era visto de esa manera: Como un simple campesino analfabeta que vivía lejos de toda la actualidad de Israel. Estaba bien el pensar, que lógicamente sería "un débil en la Torá"… Entonces, ¿Cómo podría ser el Mesías de Israel, de Galilea o de Nazaret?, ¿De Nazaret iba a poder salir algo de bueno?...La población de Galilea estaba compuesta además por una mezcla impura de pueblos: judíos y gentiles procedentes de Egipto, Fenicia y Arabia.

Nazaret, en Galilea, no era un centro de judaísmo riguroso y legalista, tal como era Jerusalén, sino que se caracterizaba por una piedad sincera, un espíritu amplio, generoso y espontáneo. Las ceremonias y otras prácticas religiosas eran más sencillas. Frecuentemente los maestros discrepaban con las interpretaciones de los rabíes de Jerusalén, siguiendo una orientación más racional y humana. Esta era la razón por la cual eran criticados por los de Jerusalén, por descuidar las tradiciones y el estudio de su idioma, por cometer errores gramaticales y pronunciar mal las palabras.

"Había de ser llamado nazareno"… Nazaret estaba situada cerca del monte Tabor en la zona conocida como la baja Galilea. Siendo Jesús un muchacho, al ascender las colinas que rodeaban a Nazaret podía divisar la nieve del monte Hermón, la majestuosidad del monte Carmelo y la llanura de Esdraelón. Las aguas del Mediterráneo estaban al alcance de su vista, y el paso de caravanas y mercaderes que continuamente pasaban por la zona.

Mientras Jesús comenzaba a padecer de hambre en el desierto, comenzó a sentir en su humanidad el ataque directo espiritual al alma: Las emociones.

No en vano se había ya aparecido alguien precisamente llamado "el enemigo de las almas"…

-Si eres Hijo de Dios, di que estas piedras se conviertan en pan.

Se comenzaba a sentir una pesadez. Jesús tenía que enfrentar todo el sentir de la vida humana en su totalidad y vencerlo a la perfección. Era una tarea solo para Dios mismo hecho hombre. Eva en su momento, había visto que el árbol era bueno para comer y había sido agradable a sus ojos. Ahora a Jesús, en su humanidad, las piedras eran agradables para ser convertidas en pan. Y LO PODIA HACER. El enemigo se valía nuevamente de las emociones, conectadas a los sentidos en el ser humano, se valía ahora del sentir del hambre de Jesús por medio de este elemento que en ese momento atraía a su cuerpo. Una tentación a nivel material. Un deseo de la carne, no malo en sí, pero llevado al límite de la maldad y usado para tentación.

La sonrisa de Lucifer era perversa. Sus ojos flameaban al rojo vivo la esencia misma de la maldad. Se retorcía internamente de desesperación para hacer caer a Jesús. Esta era su oportunidad para finalmente destruir y aniquilar a aquel que lo expulsó del Reino de los Cielos, y de quien no pudo usurpar el Trono de Gloria. Era el momento de su venganza.

-Escrito está: No sólo de pan vivirá el hombre, sino de toda palabra que sale de la boca de Dios.

El engañador desapareció radicalmente su muy mal actuada sonrisa, la cual se había visto perversa y todo diabólica. Estaba de frente a Jesús en el desierto, cubierto por un manto que parecía ser de luz y algo brillante. En medio de un gesto de molestia, chasqueó sus dedos y en un instante, él y Jesús se transportaron a Jerusalén, la Santa Ciudad, en el mismo pináculo del Segundo Templo Judío.

La desesperación de Lucifer era más obvia en esta segunda oportunidad. Ahora venía otra tentación pero a nivel moral: La vanagloria de la vida.

-Si eres Hijo de Dios, échate abajo; porque escrito está: A sus ángeles mandará acerca de ti, y en sus manos te sostendrán, para que no tropieces con tu pie en piedra.

Claramente, la propuesta era: Échate abajo y produce un espectáculo, para que todos se apresuren a recibirte como Mesías. Usando la misma Palabra escrita esta vez, se valió de un engaño que realmente desafiaba al Padre.

Solo había un detalle: Jesús era la misma Palabra. EL VERBO DE DIOS.

Jesús le dijo: -Escrito está también: No tentarás al Señor tu Dios.

El enemigo lo trasportó ahora a un monte muy alto, y le mostró todos los reinos del mundo y la gloria de ellos. De forma sobrenatural, y con detalle, mostraba todo lo más hermoso que pudo organizar en su listado y "maquillando" todo con mucho esfuerzo y lujos de detalles para abrir otro apetito humano en esta tentación a nivel espiritual: Los deseos de los ojos.

Le dijo a Jesús: -Todo esto te daré, si postrado me adorares.

-Vete, Satanás, porque escrito está: Al Señor tu Dios adorarás, y a él sólo servirás.

El diablo entonces le dejó de vuelta al desierto; y vinieron y se manifestaron ángeles y le servían a Jesús.

INTRODUCCIÓN

Una joven Noemí, muy emocionada, tiraba fotos a su bebé mientras gateaba. Era su primer hijo. Estaba bien "gordito", coloradito y saludable y de momento mientras gateaba, se detuvo frente a un cassette blanco, que estaba tirado en el suelo, lo tomó en su manita casi inmediatamente y se lo llevó a la boca.

Noemí de momento se quedó mirando aquella escena luego de tirar la foto. Era uno de los cassettes que eran parte de la Biblia en audio que había recientemente adquirido y al parecer se había caído y no se había percatado hasta ahora.

Le quitó luego el cassette de la boquita a su bebé, dirigiéndose a la cama matrimonial de la habitación para comenzar a jugar con él y hacerle caricia entre sonrisas y emoción.

De momento, mientras Miguel sonreía, Noemí sintió una fuerte corriente eléctrica que descendió de momento sobre ella. Ante el "choque" y el brinco, sostuvo de manera más prudente a su bebé para que no se le fuera a caer. En ese instante, con un mayor "voltaje", se produjo otro choque de lo que parecía ser una energía. Ella pensó haber estado sintiendo eso sola, pero vio a su bebé esta vez recibirlo también y temblar en un instante ante el impacto.

Miguel esta vez sonrío más y parecía reír de gozo.

Noemí recordó cuando había hablado con una amiga de enfermería, que le comentaba una supuesta explicación de por qué cuando tocas a otra persona te "daba electricidad" y recordaba que le decía: -A veces sucede esto porque todos los aparatos eléctricos son transmisores de energía, entonces, al dos cuerpos obtener ese contacto, es el resultado de un intercambio de electrones y protones. Quiere decir que la electricidad salta de una persona a otra, y salta desde la persona que ha acumulado la carga estática hacia la persona conductora.

Sí, pero lo que estaba pasando en ese momento no venía ni de ella ni del bebé. No era un simple choque de cualquier energía. Era algo más que además varió a una mayor intensidad.

Se comenzó a sentir una fuerte presencia en la habitación, una presencia que emitía paz, gozo y seguridad.

Ahora Miguel estaba en su cuna y Noemí tomó el cassette blanco que había puesto en la cama para ponerlo junto a los demás. En audio, había estado escuchando la Biblia para prepararse para un estudio bíblico y había escuchado parte de ese cassette, que tenía grabado el libro de Isaías.

Lo puso en el radio e inmediatamente el cassette prosiguió en el capítulo 49 de Isaías:

"Oídme, costas, y escuchad, pueblos lejanos. Jehová me llamó desde el vientre, desde las entrañas de mi madre tuvo mi nombre en memoria, y puso mi boca como espada aguda, me cubrió con la sombra de su mano; y me puso por saeta bruñida, me guardó en su aljaba…"

…….

Fue un hermoso momento…Yiye oraba con muchas fuerzas en el tercer piso del Ministerio junto a su grupo "relámpago" por su nuevo nieto, el primero de su hija Noemí.

Se sentía algo especial. Miguel estaba siendo presentado al Señor por su mismo abuelo materno y su equipo de trabajo con el cual él había comenzado su Ministerio desde sus inicios.

Yiye apretaba y abría su puño varias veces con los ojos cerrados y exclamaba por encima de todos los demás que oraban junto a él por el niño, dirigiendo la oración: -¡Señor, bendícelo! Los niños son tuyos ¡BENDÍCELO! ¡Él es tuyo! Lo presentamos a ti...

Todos oraban de forma ferviente y con entrega.

Yiye sostenía a su nieto y ponía su mano sobre su cabeza y las manos de los demás del grupo también se aproximaron, orando en el espíritu.

CAPITULO PRELIMINAR

1

La confrontación

Era una amplia sala de reuniones. Las paredes emitían un calor humanamente insoportable y a la vez aumentaban y disminuían continuamente una tenebrosa luminosidad que enrojecía y hacía ver también pequeñas llamas aisladas alrededor. El olor a azufre que entraba por la puerta abierta hacia la sala de reuniones, era aún más intenso que el que se podía percibir dentro.

Una extraña criatura, que parecía ser una especie de "lagartija" gigante con dos cuernos en la frente y dos alas verdes a sus espaldas, estaba escoltada por dos personajes que no se daban a conocer en detalle y que parecían ser gigantescas figuras, amplias y fuertes sombras, una a cada lado y de aún más estatura. Estando de pie, la criatura parecía quejarse de dolor. Uno de sus cuernos parecía estar roto a la mitad y una de sus alas estaba partida, además de que sus pezuñas y garras, estaban rajadas, cortadas, y desorganizadamente fraccionadas; los brazos parecían haber sido quemados y en una de las piernas de su piel formada por escamas, parecía verse una gran hendidura que aumentaba y disminuía seguidamente en proporción y diámetro, algo manifiesto como un tipo de herida en tormento.

Entre medio de la queja, la criatura se agitaba a la vez que sacaba su lengua viperina dividida en dos y pronunciaba repetidamente un sonido inarticulado tenebroso y de malicia pero que no podía superar lo aún más diabólico de su escolta y del lugar en donde estaba esperando la llegada de alguien.

Se escuchó de pronto la puerta de la sala de reuniones cerrarse de un violento golpe, emitiendo a la vez un quejumbroso y molestoso sonido de momento, que pareció como las cadenas de un columpio oxidado o como unas uñas raspando una pizarra.

La criatura levantó su mirada de un salto y allí miró de frente a otro personaje que vestía una tenebrosa armadura y tenía su rostro pálido, desecho y podrido, como de cadáver, con sus pupilas tenebrosas al rojo vivo y que le miraba severamente.

-Has sido mandado a llamar desde los lugares secos porque se te quiere hablar sobre una cuestión- le habló.

Ante la siniestra voz, la criatura bajó la cabeza temblando de miedo, agitándose de forma más leve pero que a la vez parecía sentir la autoridad de aquella voz sobre él, como afilados cuchillos que le traspasaban. Claro que sabía para qué le habían mandado a llamar. No había podido rendir frutos en su "trabajo" encomendado.

-Así es- Se escuchó otra voz que irrumpió de momento en el lugar y que asustó aún más a la criatura.

El ser de la tenebrosa armadura, hizo un gesto de reverencia ante la presencia del otro personaje, que se acababa de transportar, manifiesto de momento como un ser de dos amplias alas blancas, rubio, de cabello liso y largo, pero que rápidamente tomó la forma de un hombre vestido de blanco, con un sombrero de vaquero que parecía ser como de fieltro y de ala estrecha, del mismo color que el atuendo.

Tiró en la mesa frente a criatura una carpeta que parecía ser espantosamente hecha de piel humana y que tenía grabado todo tipo de símbolos ocultistas y perversos. La carpeta se abrió sola y comenzaron a salir de ella un tipo de páginas lúgubres que se comenzaron a organizar solas en la mesa.

-Ya cuentan exactamente TRES VECES. No pudiste hacer nada contra el evangelista en los Estados Unidos y luego tampoco pudiste detener a unos misioneros en Europa. Y ahora mírate, tampoco pudiste detener el Ministerio en Puerto Rico. No sirvió para nada el poder adicional que te di y que tú mismo me pediste para supuestamente ser "más efectivo", ni los demonios que puse a tu mando te sirvieron, y te dieron más palo que a una piñata de cumpleaños. Además de todo, te metiste huyendo en un área geográfica que no era parte de tu territorio asignado y tengo innumerables quejas de ti en ese reporte por parte de algunos principados.

El personaje vestido de blanco miró fijamente a la criatura

y las pupilas de sus ojos se tornaron de momento negros en su totalidad y golpeó fuertemente y con ira, en lo que se podía llamar una "mesa"; compuesta de un extraño material rocoso y ardiente y que salía de un suelo volcánico y rojizo.

-Yo quiero que tú mismo me digas qué voy a hacer contigo, porque si no me sirves, te degrado y te encierro en la sección inferior.

La criatura comenzó a suplicar y parecía estar aún más atormentada. Se postró en súplica y comenzó a hacer una asustada y frustrada adoración al personaje vestido de blanco, quien cruzó sus manos airado y comenzó a menear la cabeza en desapruebo.

-He sentido un muy extraño impacto espiritual entre cierta madre y su hijo, hija y nieto de cierta persona que odio por todo lo que me ha quitado - Dijo luego, dirigiéndose hacia el personaje de la armadura tenebrosa.

-Sí, yo también lo sentí, ya que estoy asignado geográficamente allí, aunque no contra ellos específicamente, claro- Respondió.

De momento, todas las sillas de la sala de reunión estaban ocupadas por la manifestación de diferentes personajes grotescos sentados en cada una de ellas. Tenían aspectos monstruosos y terroríficos, muchos de ellos eran seres de cuello largo y de reptil, con potentes mandíbulas, alas membranosas y hocicos delgados.

-Estamos perdiendo terreno y almas en muchos lugares de sur, centro, norte América y el Caribe y se está extendiendo cada vez más hasta Europa, principalmente con la gente de habla hispana y quiero organizar una confrontación a largo y a corto plazo. El tiempo se nos acorta cada vez más.

Los generales comenzaron a asentir.

-Siempre estamos contigo, eres nuestro líder, tú eres nuestro dios y señor – Exclamó uno.

El personaje vestido de blanco comenzó a caminar entre todos con sus manos a la espalda.

-Ya tengo seleccionado a los gobernantes futuros de allí- dijo-, ahora son niños pero crecerán y los guiaré a que sean los mismos que nos abran las puertas para despezar espiritualmente todo lo que Dios ha hecho y está haciendo. Pero por el momento, quiero vigilar de cerca ese Ministerio en Camuy porque no puede seguir. Atacaré a algunos que están allí llegando nuevos, con la raíz misma de todos los males. Los más débiles serán míos y me aseguraré que sean mi propio instrumento para que lo que…ese…ha hecho crecer no crezca. Ya tengo a una persona principal seleccionada.

Al decir "ese", el personaje había hecho una muy breve pausa con mucha ira y decidió ni mencionar su nombre. Se refería al conocido evangelista, presidente y fundador del Ministerio que atacaría aún más.

-¡Tú! –Señaló a la criatura del cuerno y el ala partida, que todavía permanecía postrada con la cara al suelo-, esta será la última oportunidad que te doy, mientras sanen tus heridas, serás reasignado para atacar a una nueva generación, ya que para esta no serviste para nada. Te unirás junto a un ejército aún más poderoso de chismes, contiendas, lujuria y celos.

A todos ustedes, es el momento de juntar una armada y tengo una estrategia. Ustedes TODOS serán parte de este plan.

....

Noemí había salido a predicar en una campaña evangelística al aire libre mientras aquella noche su hijo era cuidado por su cuñada, la media hermana de su esposo, quién a diferencia de su hermano, estaba aquella noche sin poder dormir.

Rosa, con la luz de la sala encendida, abrió la Biblia para leerla y casi de inmediato, una brisa suave y tenue, movió las páginas hasta Mateo 16:18.

"Y yo también te digo, que tú eres Pedro, y sobre esta roca edificaré mi iglesia; y las puertas del Hades no prevalecerán contra ella"

Claro, la explicación tradicional era falsa y mal interpretada. En ese momento, Jesús no había establecido ninguna iglesia, por cierto, allí se leía el primer ejemplo de la palabra IGLESIA en el Nuevo Testamento, derivada del griego *"ekklesia"*, que quiere decir *"llamados"* o *"la asamblea"*, las personas que han aceptado el evangelio de Cristo.

A Rosa pareció de momento resaltarle cada vez más la

parte final del versículo... *"y las puertas del Hades no prevalecerán contra ella"*

Bueno, en tiempos antiguos las ciudades estaban rodeadas de murallas que tenían grandes puertas, y esas puertas eran precisamente el blanco de ataque principal de los enemigos, ya que allí era que se determinaba la fuerza y protección de la ciudad. Entonces las puertas del "Hades" o "infierno", significa su poder y quien lo preside.

Jesús iba morir y a ser sepultado para luego ser resucitado y los poderes de la muerte no lo iban a poder retener, por eso obtendría también las llaves del mismo infierno y de la misma muerte (Apocalipsis 1:18)

La iglesia iba a poder no solo establecerse, sino prosperar y seguir hacia adelante a pesar de los poderes antagónicos del mismo infierno, y aunque cada generación sucumbiera a la muerte física, otras generaciones seguirían surgiendo para que la iglesia continuara hasta que se cumpla su misión en la tierra.

Todo parecía ahora muy claro mientras Rosa leía ese verso.

De momento, se sintió una brisa esta vez muy fuerte, que

cerró la Biblia bruscamente. La piel de Rosa pareció de momento erizarse y tuvo una extraña sensación pesada y de miedo. Pareció haber visto por la ventana a alguien y salió a ver con mucha cautela.

Mientras se dirigía a la ventana, comenzó a sentir algo que la alertó mucho, algo que no había sentido desde hace un algún tiempo, cuando todavía no había sido una creyente y estaba en un camino equivocado. Sin embargo, a pesar de la semejanza en el sentir, aquello parecía más pesado y más fuerte aunque era seguro que venía de lo mismo… Algo espiritual no bueno.

Vio a alguien vestido de blanco con un sombrero, recostado del árbol en el patio, y aunque ya sabía quién era, sintió la necesidad de salir sin poder auto explicarse por qué mejor no se iba para dentro de la casa a llamar a su hermano y orar y reprender desde adentro y no salir de frente a aquel ser, al cual podía ver normalmente como a cualquier persona.

-¿Quién eres tú? ¿Qué quieres aquí? – Preguntó casi tartamudeando y con un frío que sentía que le congelaba toda la columna vertebral.

-Haciendo preguntas cuando ya sabes las respuestas- Le

respondió con sarcasmo.

Se metió las manos en los bolsillos y la miró fijo por un momento. El personaje tenía un atractivo que para nada servía en compensar con la atmósfera maligna y perversa que emitía.

-Ese niño – dijo con mucho enojo-, lo quiero fuera de mi camino, no me conviene que viva.

Ahora todo se había descubierto aún más. Hace tan solo unos pocos días atrás, habían tenido un aparatoso accidente en el cual todos habían salido ilesos y habían estado con el niño. Era inexplicable como nadie se había hecho nada, en especial el bebé, y que por igual, no pasara mucho después que de la nada, le diera una fuerte e inexplicable fiebre que no se le iba y empeoraba.

En medio de un rato de clamor y oración, y casi a punto de llevar al niño al hospital, la fiebre fue bajando hasta irse totalmente. En la oración y el clamor se habían mencionado textos bíblicos claves que Dios había puesto en el corazón, uno de ellos mateo 16:18, en su parte "b", o parte final: *"y las puertas del Hades no prevalecerán..."*

Aquel personaje comenzó gradualmente a sonreír a Rosa de la forma más perversa y ante una mirada llena de la misma esencia de la malicia y de la perversión. Fue entonces, cuando en medio del miedo y de casi ni poder moverse, salieron las palabras:

-¡Te reprendo satanás! ¡Vete en el nombre de Jesús!

Así como gradualmente había comenzado a sonreír de forma perversa, de forma más rápida, se sustituyó la sonrisa por un gesto de repulsión y a la vez de miedo de parte del diablo.

Se sintió de momento una presencia de paz y de protección y el enemigo de las almas, pudo ver de momento a Jesús manifestarse, a espaldas de la mujer, y hacerle un gesto de orden con la mano para que se fuera. A cada lado de Jesús, había lo que parecía ser dos personas, ambos muy altos y rubios y que se veían muy fuertes.

El enemigo se cubrió con un manto, se desvaneció y se fue en medio del amanecer.

2

Doce años

Miguel dormía profundamente en su habitación, no había tenido un día bueno en su escuela, la cual no le gustaba. Los compañeros de clases eran en su mayoría niños que no aceptaban en escuelas públicas por causa de su mala conducta, y casi todos los maestros parecían que más que enseñar, querían reprobar. Realmente, no deseaba estar en el entorno en el que se encontraba, además de que solo podía ver a su mamá cada cierto tiempo por causa de una situación legal y un problema de divorcio con sus padres. Muchas veces se tornaban situaciones que sentía muy fuertes para su edad de doce años y a veces hasta se preguntaba por qué tenían que pasar ciertas cosas.

Mientras dormía, una figura brillante se le acercó. Alto, delgado, de un atractivo especial, barba y cabello largo, y aún con sus ojos cerrados mientras oraba con sus dos manos levantadas, se podía apreciar el sosiego, armonía, tranquilidad y confianza que se hubieran podido leer en su rostro por igual; si se hubiese visto en ese momento con los ojos abiertos. Tenía sus hombros y cabeza cubiertos por su talit, que también le llegaba hasta las rodillas. Oraba mentalmente, sin pronunciar palabras, en una muy profunda y visible comunión. Sus sandalias eran como de cuero, que consistían de suelas unidas a sus pies mediante correas.

El talit, o manto de oración, se veía hecho de una seda muy fina que brillaba, y tenía una serie de franjas azules con flecos en los bordes trenzados ente sí y sumando sus 613 hilos compuestos.

El personaje se desvanecía de momento y reaparecía en distintos lugares de la habitación, a la vez que en diferentes posiciones de oración.

Fue de pronto, mientras seguía orando, que una silueta

negra se fue acercando lentamente hacia el joven de doce años y se quedó manteniendo una respetable distancia, de pie frente a su cama, observándolo. Pareció de pronto expresar un tipo de gruñido leve y bajo, como una animal rabioso pero controlado y limitado a la vez.

Miguel de momento despertó y el cuarto parecía estar más oscuro que de la forma usual cuando las luces se apagaban. Además, la pequeña lamparita que siempre dejaba prendida en las noches, conectada al enchufe, parece que se había fundido, pero como quiera algo no estaba bien. Había algo diferente. Se suponía además que la puerta de su cuarto diera hacia uno de los baños de la casa, pero ya no había puertas en la habitación.

De momento comenzó a aparecer la puerta que daba hacia el pasillo de la casa, pero luego se iba desvaneciendo hasta desaparecer por completo y luego reaparecía. Mientras estaba en la cama, asustado y confundido, todo comenzó a llenarse más de tinieblas y a ponerse cada vez más oscuro a la vez que una pesadez iba saturando el ambiente por completo.

-Todo aquello que tiene un comienzo tiene un fin y el fin es parte de la travesía, pero lo eterno no tiene fin y esto dirige a lo eterno.

Miguel ni se asustó, ni dio un brinco ni tampoco tuvo ningún sobresalto. La voz emitía paz, seguridad y protección, y solo dirigió su mirada hacia el lado de la cama, donde aquel hombre estaba sentado. Todo estaba tan oscuro que no podía ver claramente su rostro, pero el contorno de su figura, parecía ser muy específico, claro y descriptible con lujo de detalles.

-Cuéntame tus problemas- siguió diciendo.

La figura ante él claramente era Jesús mismo, y aún en medio de un valle de sombras, que no parecía ser ya más su cuarto, no tenía temor.

Miguel miró hacia donde se suponía estuviera antes el televisor de su cuarto y ya no estaba; creyó de momento verlo reaparecer pero no, había algo diferente.

En ese momento, Jesús se movió rápido y lo cubrió.

-¡Yo te protejo!- Exclamó.

La sombra negra que comenzaba a volar por el cuarto, tomando forma de un "cajón" de cuatro patas, parecía querer hacer daño pero no pudo, en lugar de eso, revolcaba más la pesadez del ambiente mientras se movían alrededor volando, mientras que más sombras salían de ella pero en extrañas formas deformes de seres muy diminutos que sobrevolaban alrededor sin saber qué hacer por causa de la intervención del mismo Hijo de Dios.

De momento la escena cambió. Ahora era Miguel al lado de Jesús mirándose así mismo frente a su cama despertando. La habitación era solamente densas tinieblas que arropaban por completo y no se veía absolutamente nada. Mirando a "su otro yo", el joven pudo ver como "otro Miguel" más, sorprendía a su otro Miguel por la espalda, tomando una forma no natural y apresándolo. Las manos de un "Miguel" sobre otro "Miguel", se tornaron elásticas, se estiraron, y pudieron sostenerlo con tanta fuerza que no se podía casi mover pero como quiera luchaba hasta lograrlo.

-¡No! ¡No me dejaré vencer!- decía moviéndose de un lado a otro.

Instantáneamente Miguel despertó. Ahora se encontraba en lo que parecía ser un bosque. Se frotó los ojos para ver mejor y de momento se dio cuenta que ahora estaba en el pasillo de su casa y había estado acostado en un colchón de espuma; sin embargo, habían dos colchones adicionales, uno a cada lado suyo, que parecían haber estado ocupados por dos personas que se habían levantado y habían dejado sus cobijas.

-¿Tía? ¿Papá?

Su voz se escuchó en eco, débil y confusa, mientras aquel fenómeno acústico, en el que se producía la repetición de su voz, chocaba y se reflejaba desde donde estaba un Miguel muy confundido sin explicarse qué estaba sucediendo y cómo había llegado allí.

Al levantarse, inmediatamente escuchó lo que parecía ser un lenguaje diferente, pero por la forma de hablar, se escuchaba como una especie de discusión.

Era el lenguaje de su abuelo Yiye y de su madre cuando oraban y de muchos otros predicadores y creyentes, pero no era oración ni clamor en este caso, sino un diálogo con alguien más.

Las voces venían de la sala y poco a poco se fue acercando. La realidad es que la sala de la casa no era tan larga y amplia, pero parecía alargarse el camino mientras andaba, hasta que finalmente llegó y vio a dos varones altos y rubios de pie, encarando a un personaje tenebroso vestido de un hábito blanco y siniestro, con su cabeza cubierta por un gorro o capucha que era parte del mismo atuendo. Era un vestido que parecía ser de una orden religiosa; el único detalle era que el extraño ser, estaba manifiesto solo en la mitad del cuerpo y estaba suspendido en el aire flotando como si fuera un fantasma y Miguel quedó petrificado.

El personaje se volvió a verlo cuando sintió la presencia del joven en la sala. Sus ojos eran completamente rojos y destellaban un resplandor intenso y diabólico, y su rostro era como de un color amarillo y no tenía boca. Los dos varones ya sabían que Miguel estaba allí pero no se volvieron a mirarle, sino que expresaron unas palabras en su lenguaje que claramente se trataban de una represión.

El personaje flotante, pareció haber recibido un fuerte golpe, como si las palabras mismas de represión le hubieran hecho daño…Y literalmente así había parecido ser.

Ante la arremetida, su capucha se cayó hacia atrás como si un fuerte viento hubiera soplado, dejando al descubierto una cabeza calva, de un amarillo intenso que se intensificaba y se disolvía a la vez y cambiaba a varias expresiones de amarillo.

De momento, apareció una boca en su rostro, solo para gritar de dolor y dejar al descubierto una larga y escamosa lengua que salió en medio del grito.

El ser traspasó la puerta y emprendió su huida. No era para él ningún problema el atravesar objetos sólidos.

Los dos varones altos le siguieron, pero abriendo la puerta normalmente. Se veía como el personaje volaba en el mismo cielo y se largaba hacia una dirección fija.

Miguel corrió para hacer su presencia también en el patio de la casa y cruzó entre medio de los dos varones y señaló con el dedo a la criatura maligna y también lo reprendió. El ser pareció sobresaltarse más y ni se atrevió a voltear, solo apuró aún más su vuelo, mientras que sus enemigos: Dos ángeles y un joven humano, no le quitaron los ojos de encima, hasta que finalmente se fue de su vista y desapareció por completo.

Esta vez sí Miguel despertó de su sueño. Había sido algo muy real lo que acababa de pasar. Ya era hora de ir a la escuela, pero no había tampoco por qué tener tanta prisa, ya que le quedaba muy cerca de su casa, como a unas cuatro cuadras, y se podía ir a pie. Nadie lo tenía que llevar en carro. Sentía cómo si hubiera estado toda la noche en la clase de educación física en vez de haber estado durmiendo. Su cuerpo se sentía extrañamente agotado.

Abrió la gaveta de su cuarto y sacó un comic de un superhéroe que había estado leyendo hace unos días. El problema no era el superhéroe, sino el guión de ese comic específico, en donde había también ciertos símbolos en la portada que parecían curiosos, pero eran ocultistas y él no sabía. De lo que sí sabía ahora, era del personaje que había visto en el sueño, el cual era prácticamente el mismo que estaba dibujado allí.

…….

Después de la escuela, Miguel se reunió con un miembro de su familia y le enseñó el comic.

-Me hablaste de unas experiencias y de algo antes de venir al evangelio. Quiero que me digas y me expliques qué significan estos símbolos.

3

El ídolo

Era la clase de escuela dominical en un lugar llamado "Mesa Antonia"… El niño de 10 años visitaba el lugar junto a su madre, quién estaba dando campañas misioneras y de evangelismo en la zona y ahora como líder, estaría dando clase bíblica a los adultos mientras su hijo atendería a la clase para niños.

El maestro de escuela dominical era un hombre joven,

dinámico, y con mucho amor por las cosas de Dios, además de que estaba muy contento de que ese día estaba en su clase, el hijo de Noemí Ávila. Nada más y nada menos, tocaría sin saberlo, uno de los muy precisos temas favoritos de Miguel: El Arca del Pacto frente al dios filisteo Dagón, un dios pagano propio de los amorreos y que dos siglos siguientes se difundiera con los asirios y babilonios, para de los babilonios, expandirse aún más hacia filistea. La palabra caldea *"dagan"* se traducía por *"grano"*, *"trigo"* o también *"semilla"*, y si derivara del hebreo antiguo *"dag"*, significaría *"pez"*. En la mayoría de las ciudades filisteas o fenicias, las monedas tenían al dios pagano Dagón como un ser de su parte superior del cuerpo humana y la parte inferior de pez, y era la deidad principal de las ciudades marítimas de Asdod, Gaza, Ascalón y Arvad. En los monumentos y en el culto popular, estaba asociado ciertas veces con una deidad femenina que también era mitad pez y que era a menudo identificada como Astarte.

Era la historia favorita de Miguel por la parte cuando el ídolo caía quebrado y postrado frente al arca del pacto.

Cuando el maestro comenzó a comentar de la historia

bíblica, los ojos del niño brillaron. Era como una conexión de fascinación entre él y Dios. Su corazón comenzó a latir de la emoción y desde su sentir intenso, comenzó a expresar y a narrar y a hablar de la historia, dando prácticamente la clase él y contestando todas las preguntas del maestro y hasta más.

No podía faltar el hablar sobre el intrigante versículo 12 del capítulo 2 en primera de Samuel, en donde decía que "los hijos de Elí eran hombres impíos, y no tenían conocimiento de Jehová".

Lo de impíos se podían entender, pero la Biblia de forma inicial narraba que los hijos de Elí eran "sacerdotes de Jehová", si eran sacerdotes, entonces decir después que "no tenían conocimiento de Jehová" se refería a una forma metafórica de que habían perdido el temor por lo sagrado y se habían apartado de Dios y estaban corrompiendo al pueblo. A los ojos de Dios solo tenían un disfraz de sacerdotes y Dios tenía que limpiar lo profano y lo que estaba entorpeciendo, de otra forma, no habría ningún avance para su propósito si no había arrepentimiento.

Al maestro no le molestaba para nada que el niño le interrumpiera y diera la clase, más bien, Miguel había traído muchas cosas más profundas de las que se hablaron y estaba impactado por la forma en la que Dios por medio de un él tomó, en un giro mejorado e inesperado, no solo la clase sino también una forma específica en la cual le habló a él.

-La explicación es clara- dijo el niño-, Dios no es amuleto ni superstición ni se le puede engañar. Si ellos mismos estaban dañando, corrompiendo y ensuciando lo sagrado, no podían tampoco pretender que Dios los iba a librar de que los filisteos los derrotaran por solo llevar el arca a un combate. Eso se veía más que todo un show y un emocionalismo con el cual se engañaron todos por necios. No es lo que está a la vista, es lo que está en el corazón, de donde sale el fruto, es la manera de vivir y la entrega a Dios.

Mientras todos tenían los ojos fijos en el niño, algo espiritual se sintió, momentáneo y muy breve. El maestro pudo sentirlo. Dios estaba revelando el futuro de la iglesia. Iban a venir tiempos malos como esos tiempos en Israel. Quizás como en todo tiempo, existían algunos defectos actuales en la iglesia, y mucha gente en desconocimiento de interpretación, pero nada sería peor de lo que iba a venir.

-Si el arca no sirvió para protegerlos... ¿Por qué después la historia dice que el poder de Dios que había allí trajo males a los filisteos y hacía también que la imagen de su dios cayera postrada?

Miguel respondió la pregunta de otro de los niños del salón: -Porque los que no servían eran los israelitas y sus sacerdotes. Lo de Dios siempre servirá, pero no puede funcionar a favor de los que piensan que esto es superstición y sin tener una relación diaria con lo espiritual, burlándose de lo sagrado y haciendo protagonismo. Aunque tenían la verdad, se habían puesto como los filisteos en materia religiosa, y quisieron usar a Dios como un juguete. Había poder en el arca del pacto, pero no se trataba de idolatrar una imagen y usarla a conveniencia, el arca recordaba el pacto de Dios, lo que ellos debían de hacer y no hacían.

El maestro, impactado le preguntó: -¿De verdad tú tienes 10 años?

-Casi once, pero me veo más alto. Siempre me lo dicen- respondió.

Realmente el maestro no preguntaba nada referente a

porque fuera más alto, sino a su conocimiento y forma de expresión.

Cuando Noemí llegó al salón, el maestro le sonrió y le dijo:
- Tu niño ha dado toda la clase de escuela dominical hoy.

Bueno, entonces se pudiera decir que madre e hijo predicaron este domingo- Sonrió.

Una de las razones que había hecho que el maestro de escuela bíblica tomara ese tema, era un hecho reciente que le había impactado y del cual, había tenido una revelación después de haber orado de noche, muy triste por su familia, que estaba en caminos de idolatría tradicional.

El joven maestro se había reunido con la predicadora Noemí, para que le ayudara a orar y a la vez le contó su revelación:

-Mi familia es de una isla que compone uno de los estados de este país, el único estado insular, una isla que es como Puerto Rico hermana Noemí, aunque sé que Puerto Rico se trata de un archipiélago, o sea, varias islas unidas, pero bueno, ya usted tiene la idea, además de que la isla de donde yo vengo, también está ubicada en el mar Caribe y precisamente se le conoce como "la perla del Caribe".

Noemí asintió y el joven prosiguió narrando.

Él contaba como se había quedado dormido hasta muy tarde por la madrugada luego de orar por su familia inconversa, y de momento se vio transportado a la isla de sus padres y estaba en un bote de pescar en medio de la densa oscuridad de la noche y completamente solo y a la deriva.

En medio de las tinieblas espesas, hizo su aparición de momento en el cielo nocturno, una súper luna de forma imponente y brillando en plenitud, en una noche que ahora estaba despejada y fresca. La luna permanecía en el cielo brillando cada vez más.

El joven miró hacia el mar y comenzó a notar que las olas se agitaban cada vez con más fuerza, y comenzó a ver como una emisión de luz se comenzaba a producir por medio de insectos y animales marinos. Él sabía que la bioluminiscencia era la producción de luz por parte de un ser vivo, y era lo que estaba sucediendo en ese momento; pero eso no era lo que le asustaba ni le hacía sentir los escalofríos que se estaban apoderando de su ser en ese entonces. Era el sentir de una presencia maligna que estaba debajo de las aguas y que de seguro no iba a tardar en hacer su aparición.

Subió repentinamente del mar, lo que parecía ser una mujer gigante con una corona de oro imperial, de vestido blanco con dorado y palomas bordadas. En sus manos sostenía unas redes gigantes que estaban extrañamente formadas por cadenas.

-¡Soy la madre de los pescadores y de todos en este lugar! ¡Son míos! ¡Soy su patrona! ¡Así me adoran y así domino y gobierno sobre ellos!

El personaje estaba ahora suspendido en el aire de frente al bote que tenía al inmóvil y paralizado joven, pasmado en suspenso y en temor; totalmente confundido, desconcertado y sin saber de momento qué hacer o decir.

Los pies del personaje estaban cubiertos de escamas, las uñas eran amarillas y filosas y en su sonrisa malévola, dejaba al descubierto agudos colmillos que se veían muy cortantes. Sus ojos ardían en fuego y su nariz de momento se tornaba en una muy curva.

Un aceite negro y espeso comenzó a hacer su aparición en las redes-cadenas que sostenía muy firme y fuertemente aquel ser, y de momento, en un instante, se emitió un fuerte impacto sonoro y ventoso en el cual todo lo feo desapareció, y ahora quedaba una "mujer patrona" resplandeciente, de hermoso semblante y con sus manos libres en posición de rezo con sus ojos cerrados.

Al momento que el joven se reincorporaba, luego de haber caído en el bote por el impacto, comenzó a escuchar una malévola risa de burla, que se escuchaba en ecos, y que parecía salida del mismo infierno.

Cuando se levantó nuevamente, la figura abrió sus ojos, que estaban saturados del aceite negro que ya había hecho su previa aparición.

-¡Ellos me pertenecen! ¡Tu familia me pertenece!

El personaje empuñaba fuertemente sus manos en señal de desafío al joven creyente, quién en ese momento, en toda fe, confianza, y humildad en el Señor, se llenó de valor y pronunció las palabras claves en el profundo sentir en el espíritu:

-¡Te reprendo en el Nombre de Jesús! ¡Calla! ¡Enmudece!

Al recibir el golpe espiritual, la criatura gigante no se pudo ocultar más, y un rostro desfigurado, maligno y lleno de escamas hizo su aparición. El traje blanco comenzó a arder en llamas y a quemarse y la corona cayó al mar. Las garras comenzaron a salir y quedar al descubierto mientras se retorcía y se iba sumergiendo. Sus dos piernas parecieron unirse, formando una larga cola parecida a la de un pez.

Fue en ese momento, cuando el joven despertó.

Se había quedado dormido, arrodillado frente a su cama orando por su familia y de frente a su Biblia, la cual permanecía abierta frente a él y en la cual ya se habían secado las lágrimas que había derramado en la oración antes de quedar vencido por el sueño.

Se podía leer la porción bíblica que había quedado abierta:

"Y levantándose, reprendió al viento, y dijo al mar: Calla, enmudece. Y cesó el viento, y se hizo grande bonanza" (Marcos 4:39)

....

El predicador esperaba la llegada de alguien a su casa. Se iba a tomar un tiempo de oración en compañía de la hija de Yiye Ávila, Noemí, y algunos miembros intercesores de la congregación de su iglesia en el pueblo de Arecibo.

Él sentado, en su escritorio, pedía por dirección a Dios para cumplir su orden y exponer algo que la noche anterior había visto en un sueño. El lugar era apartado, en el campo en Adjuntas.

Mientras meditaba, volvió a su cabeza, con lujo de detalles, toda la revelación de parte de Dios.

El sueño había sido muy impactante.

Estaba en medio de una amplia llanura, y la gente corría hacia una estatua que estaba de espaldas. La estatua era al parecer de un predicador conocido que sostenía una Biblia.

-¡No habrá nunca nadie como él! ¡Nadie le llegará nunca ni a los zapatos!

Exclamaba la gente mientras se postraba ante la estatua, que permanecía de espaldas a ellos. Mientras se arrodillaban y hacían gestos de reverencia y adoración, se miraban los unos a otros con celos, envidia, codicia y odio. Se aparecían demonios frente a ellos que no veían, y vomitaban una sustancia verde y viscosa, invisible para ellos y que se apoderaba de su vista y penetraba hacia sus corazones. Otros tomaban megáfonos y altoparlantes imitando la voz del predicador, pero su mensaje era uno lleno de celos y contienda, amparándose en que "el predicador de la estatua dijo".

Todos los que idolatraban la estatua, se levantaron al unísono y comenzaron a levantar piedras del suelo cuando vieron a Jesús venir. Jesús iba acompañado por un joven de 19 años que no quería predicarles. No se podía ver el rostro del joven, pero claramente se podía ver a Jesús con su barba negra y espesa y su cabello negro y grueso echado hacia atrás, tenía ropas blancas de lino finísimo y un cinto de oro con unas sandalias de cuero.

-Bueno Señor- dijo el joven-, allí está, tal y como te lo dije y sabía que iba a pasar, pero no me importa, voy con lo que me dices, porque así como no les quería predicar porque los conozco, no me interesa que me idolatren. No soy ladrón de la gloria de Dios.

-Tu abuelo tampoco lo es, pero han hecho como quiera idolatría de mi siervo- respondió Jesús.

En medio de la imagen, se levantaban profetas falsos a profetizar y todos los idólatras les creían y se postraban de nuevo.

-¡Todo lo malo vendrá cuando este nos deje! ¡Después de esta imagen no habrá nada más como él! ¡Algo grande caerá del cielo!

Mientras hipócritamente decían esto, los falsos profetas robaban con éxito los tesoros, el oro, el dinero y las joyas que los que idolatraban la imagen había arrojado de frente; pero aún con los tesoros, no se sentían satisfechos porque sabían que nunca podían compensar nada más que un robo y un engaño a conveniencia, y querían ser como el que estaba representado en la estatua pero sabían que no podían y les molestaba.

-¡No sean idólatras! Viene un ejército de camino a destruirlos y no pueden ni ver los demonios que vomitan sobre ustedes.

Los demonios se sorprendieron de que el joven los podía ver y comenzaron a alborotar a todos hasta que comenzaron a lanzar piedras.

Las piedras ni siquiera iban contra el joven predicador, sino contra Jesús mismo, quien las recibió todas.

-Se acabó al tiempo- exclamó muy triste luego de recibir hasta última pedrada.

Él recibió TODAS las pedradas pero las piedras no le hacían daño.

Un edificio de tres pisos creció de momento de frente a la estatua y el joven de 19 años se veía advirtiendo en gestos de cosas que pasaban en el edificio, al lado del cual estaba de pie un gigante deformado, cubierto por una armadura y con un garrote en su mano izquierda junto a los falsos profetas, pero ni ellos ni los demás lo veían.

-¡Tú! ¿Te crees mayor que nuestro dios solo porque eres su familia? ¡NO DEJASTE QUE TE HICIERAMOS UNA IMAGEN PARA ADORARTE POR IGUAL! ¡ESTE EDIFICIO ES TAMBIÉN NUESTRO SANTUARIO DE ADORACIÓN Y

NUESTRA PROTECCIÓN!

-¡El que ustedes idolatran tampoco quiso nunca que le hicieran una imagen para adorarlo a conveniencia, ni que lo utilizaran para sus propios fines!- respondió el muchacho, causando gran repudio y coraje entre todos.

Esta vez el ataque verbal fue contra el joven.

Los demonios que estaban en el aire, dominaban en todos los que murmuraban hasta el más mínimo movimiento; controlaban a las personas por medio de una "cruceta" de la cual colgaban hilos que iban atados a sus cuerpos y hablaban con una voz aguda y chillona las mismas palabras que ellos repetían.

De momento, toda la multitud y los falsos profetas se vieron rodeados por un ejército de a pie con espadas desnudas y muy filosas en sus manos y la tierra a su vez comenzó a temblar.

-¡Han hecho idolatría de mi siervo!

Se escuchaba ahora la voz de Dios en medio de ellos, una voz de trueno, de poder y de unción que expresaba mucha molestia e indignación.

El joven de momento ya no estaba allí. Había desaparecido

por completo de la escena, igual que Jesús.

La tierra comenzó a abrirse por el fuerte temblor, a la vez que se vio finalmente de frente de quién era la imagen de la estatua… El rostro era inconfundible: Era la imagen de Yiye Ávila.

....

Alguien tocó a la puerta. Era la esposa del predicador para avisar que Noemí y algunos intercesores de su iglesia ya habían llegado.

-Ya llegaron, pero ella vino acompañada también por su hijo, y quieren aprovechar para orar por su cumpleaños número 20 que será en unos días- dijo la esposa de aquel predicador, quién asintió.

Aquel había sido el joven de su sueño.

4

El llamado

No era la primera vez. Luego de haber llegado de la universidad, el joven de 19 años se había encerrado en su cuarto para tratar de alguna forma de huir a la voz que decía ¡Predica! ¡Predica!

Encerrado, comenzó su corazón latir con muchas fuerzas y sentía una viva llama dentro que insistía: ¡Predica! ¡Predica!

En su mente solo podía ver los destellos y fracciones en su memoria de las veces en las que su abuelo arrodillado lloraba por las difamaciones de mismos evangélicos que sentían envidia; los chismes, los falsos argumentos y ataques que su madre experimentó y seguía experimentando, al igual que su abuelo claro, y de misma gente que decían ser de "santidad" y con mucha apariencia de "piedad" pero cuyo fruto era otro.

¡No! – Se escuchó la respuesta- Yo solo quiero estudiar y tener mi profesión, no quiero ser víctima de gente mala y desconocedora… ¡No quiero ser engañado ni perseguido como mi abuelo y mi madre! ¡Yiye tiene nueve nietos! Escoge a otro para ese trabajo, o escógete a dos o tres de los demás si quieres. No quiero estar rodeado de buscones ni de fariseos mentirosos e hipócritas.

Se comenzaron inmediatamente a manifestar visiones del pasado, todas sus horas de aprendizaje de la Biblia, de tiempo invertido, ayuno, oración, clases bíblicas, en la iglesia, y del amor por Dios e interés por conocer más, desde pequeño y en la actualidad. Eran "flashes" que se activaban en réplicas. La habitación estaba cerrada, era de madrugada y todas las luces estaban apagadas, pero esas escenas comenzaron a alumbrar en las paredes del cuarto en un azul muy brillante. Miguel cerraba los ojos para no verlas y como quiera las veía más resplandecientes con los ojos cerrados y en visiones.

- Me ha interesado siempre saber y conocer más de Dios, pero no quiero predicar porque se lo que viene… ¡No soporto la religiosidad ni la hipocresía! ¡Tú tampoco la soportabas!- Señaló.

-Así es- Se escuchó una apacible voz de momento-, pero eso no impidió que yo predicara y diera testimonio del Padre así como Él dio testimonio de mí. Tienes que dar lo que sabes, muchos necesitan oír la palabra que tienes. El enemigo los engaña y se ha infiltrado de muchas formas también en las iglesias y hogares de creyentes y no lo ven.

Miguel hizo una pausa al escuchar la respuesta y después hizo como si nada y se acostó a dormir.

De momento, y a las horas, se sintió entumecido en la cama, sin poder moverse, y comenzó a sentir fuertes golpes en sus pies; pero era una forma extraña, era "algo" que se había metido dentro de ellos, y desde adentro, golpeaba fuertemente y como que los "enderezaba" ante una resistencia contraria. Claro que los pies del joven estaban bien, era una viva manifestación espiritual que no tenía que ver con una sanidad de pies…Tenía que ver con algo más...Llevar y diseminar el evangelio.

Se levantó cojeando en la mañana, y cuando vio a su mamá, se incorporó de forma muy disimulada a pesar del dolor, y tratando de caminar normal, para que ella no notara nada y no le preguntara ni se diera cuenta que había algo espiritual envuelto. Una mujer de oración y de intercesión, con dones espirituales, iba a saber inmediatamente de qué se trataba. Obviamente tenía que ver con Dios: Los pies para anunciar el evangelio, pero había resistencia.

Todo había comenzado a suceder desde los 18 años, cuando comenzó a trabajar con su abuelo Yiye. Su mamá le había conseguido un supuesto trabajo temporero de verano como camarógrafo, recibiendo un sueldo de acuerdo a horas, como a cualquier otro empleado y sin ningún tipo de privilegio por ser nieto del dueño del canal de televisión cristiano. En ese supuesto trabajo "temporero" de verano, ya se había quedado más de la cuenta porque necesitaba el trabajo, además de que iba muy de acuerdo a sus estudios de telecomunicaciones para a la vez seguir aprendiendo y mantener la práctica.

Desde que llegó, no veía el lugar como algo para quedarse

permanente; no le gustaba el ambiente de personas mayores ni tampoco algunas cosas de las cuales siempre desde más pequeño, quería mantenerse distante; sin embargo, las predicaciones continuas de pastores, predicadores y ministros, que iban y exponían el mensaje en los diferentes espacios de grabación y en programación en vivo, le hacían de momento anhelar estar de pie ante un micrófono y llevar el mensaje de Dios, y verdaderamente era más que edificado con la Palabra. Estudiar y hospedarse en San Juan, solo le hacían anhelar cada vez más los fines de semana para ir al Ministerio de su abuelo, o algún otro día libre, a orar con algunos de los evangelistas, pero principalmente con su abuelo materno de sangre: Yiye Ávila. Lo del trabajo pues era algo adicional que sencillamente se tenía que hacer.

Si bien estaban aceptando gente no muy espiritual para trabajar allí, aceptar también a personas de una religión tradicional, sin que su abuelo tampoco lo supiera, le traía al joven problemas. El equipo de trabajo de las cámaras no era gente de oración ni de entrega, y se parecía percibir que, detrás de bastidores, al ser débiles espiritualmente, el enemigo los usaba para afligir al joven y serle piedra de tropiezo, y aún hasta protestaron por cuando él se iba a orar al tercer piso, especialmente la directora, quién también molestaba en muchos otros aspectos.

La realidad es que cuando hay algo espiritual de impacto, de llamado y diferente en una persona, los que se incomodan son los demonios, detrás de la gente que no tiene una misma entrega o que espiritualmente son débiles, y fácilmente los usan.

Todo Ministerio depende de la oración, y ni tan siquiera el joven iba en horas en donde se estaba haciendo ninguna grabación, por lo cual no pudieron impedir que siguiera orando.

Ciertamente, había una diferencia crónica en ese Ministerio comparada a otros y que sería su fin: La familia de Yiye no tenía ningún tipo de valor ni se le respetaba, Yiye tampoco tenía a nadie planeado que lo sustituyera en caso de después no estar porque decía que "Cristo ya venía", solo tenía a una supuesta gente "de confianza", que se habían agrupado y unido entre ellos, liderados por una sola persona, para adquirir el "poder" y el "control" de todo. El nombre de "junta", les quedaba muy bien para descripción, y bueno, eran la junta o "junte" del canal, dirigida por un vicepresidente. Una mafia muy bien formada entre ellos mismos y muy táctica y estratégicamente elaborada para definir sus objetivos a corto, mediano y largo plazo.

A largo plazo ya se estaban preparando: Cuando Yiye no estuviera, el actual vicepresidente quedaría con el control legal de todo, y maltratar y alejar a su familia, sería la clave para ellos no ser interrumpidos en su meta. Tenían que buscar luego a un predicador sustituto que les obedeciera en todo, como Yiye, y que a su vez ellos pudieran seguir teniendo el dominio y control.

Al momento, en la actualidad, eran capaces de hasta de tomar decisiones por encima del presidente y fundador bajo la excusa de que "era lo mejor" o "lo que más convenía".

Para ese tiempo muchos imitaban la voz de Yiye en sus predicaciones, otros comenzaban con revelaciones falsas y mandando cartas al Ministerio diciendo que "Dios les había demostrado que ellos serían su sustituto cuando él no estuviera", y pedían a Yiye que les "entrenara", a lo cual nunca se les respondía.

También a su vez, algunos que no predicaban, atacaban a otros diciendo que "nadie sería como Yiye" y a la vez se peleaban entre sí por celos, mientras que salían más profecías falsas de supuestas revelaciones de la muerte del evangelista en ciertos años y que nunca se cumplió.

Llegando cansado de la universidad en San Juan, luego del viaje, Miguel se acostó en la cama de su cuarto. Esa tarde estaba muy cansado pero algo pareció adormecerlo más.

Entreabrió sus ojos un poco mientras dormía y de momento vio al alguien frente a él: Estaba vestido de blanco, tenía un cinto dorado a la cintura que se veía como de oro puro y resplandecía, su cabello era negro y grueso, muy bien peinado hacia atrás, y tenía una barba gruesa y espesa, perfectamente formada. Se veía fuerte, y tenía sus brazos cruzados, de pie, mientras observaba a Miguel en su cama, con una sonrisa. Miraba en lo más profundo, hacia su pecho.

El joven no podía levantarse ni reaccionar, había quedado anestesiado, y su cansancio parecía mayor y se quedó luego dormido y totalmente rendido hasta que algo le hizo despertar.

Si hubiera podido moverse en la cama, hubiera despertado de un sobresalto, pero no podía reaccionar, solo hacerlo internamente y a la vez ser testigo de algo más que incómodo y aterrador.

Una criatura, que parecía tener forma de una "lagartija", se había manifestado y estaba con las piernas completamente flexionadas sobre él, apoyándose en sus talones observándole en su pecho muy fijamente, en el centro, un poco hacia la izquierda. Sus ojos de reptil se quedaron fijos e impactados y sintió miedo y emitió un molestoso grito sobre el joven, saliendo de su boca unas ensordecedoras y muy visibles ondas de impacto que se sintieron bien fuerte mientras permanecía inmóvil en la cama. Fue algo que solo él pudo oír, ver y experimentar. La criatura brincó, y al poner sus pies en el suelo, volvió a su estatura original y salió huyendo después del grito, a lo que la onda de sonido y el eco se desvanecían.

Miguel quedó dormido nuevamente.

Ahora estaba en un lugar oscuro, de pie, y la única luz que podía ver, estaba a la distancia, emitiéndose desde un hombre que parecía estar muerto, crucificado en una cruz.

Sin tener ningún control ni a voluntad propia, el joven se comenzó a levantar en el aire y salió "disparado", a una velocidad semi veloz, en dirección a aquel hombre en aquella cruz. Mientras se acercaba, la cruz y el hombre muerto en ella, se hacían más grandes, y al llegar de frente, comenzó a volar desde debajo de la cruz, a los pies de la persona, en vuelo alrededor, en círculo, rodeando y rodeando y hasta detenerse flotando, de frente a frente a un rostro desfigurado y ensangrentado, que permanecía caído con una corona de espinas en su cabeza.

De momento, el hombre en la cruz fue levantando lentamente su rostro y miró fijamente para casi de inmediato transformarse en el mismo rostro del joven que estaba frente a él.

Se escuchó de momento una voz en el lugar diciendo:

"Con Cristo estoy juntamente crucificado, y ya no vivo yo, mas vive Cristo en mí; y lo que ahora vivo en la carne, lo vivo en la fe del Hijo de Dios, el cual me amó y se entregó a sí mismo por mí"

Miguel supo de inmediato que eso mismo la Biblia lo

decía. Palabras exactas en Gálatas 2:20.

Fue allí cuando esa mañana, finalmente despertó. Su mamá tocaba a la puerta de su cuarto.

Habían acordado salir ese día para realizar unas gestiones, y ya era hora de irse preparando.

....

Faltaba tan solo media hora para comenzar el programa "la Cadena del Mediodía". Como siempre, Yiye había llegado con anticipación y orden para prepararse antes de salir al aire en uno de sus programas de televisión diarios; pero sin embargo, ese día llegó más temprano, y mientras leía la Biblia, unos pies, con algo de pesadez, subían las escaleras hacia el segundo piso en su oficina. Se suponía que el camarógrafo, estuviera quince minutos antes, pero esta vez iba con 30 minutos de anticipación. El tiempo suficiente.

El camarógrafo de ese día no se suponía que fuera su nieto, sino otra persona que pidió relevo ese día para salir horas antes del trabajo, por motivos de una emergencia. Fue algo que se notificó a última hora pero que no se le había dicho a Yiye porque realmente no era necesario. Pero como quiera, él ya lo sabía antes de salir de su casa a dar el programa.

Sabía que su nieto se reuniría con él y él le iba a estar esperando. Dios mismo se lo había demostrado en oración.

Esa mañana, en la oración en el tercer piso del ministerio, gente intercesora habían orado por Yiye y unos pastores se reunieron con él para darle una Palabra de parte de Dios de que debía de descansar más y poner más orden en algunas cosas en su ministerio.

La realidad es que innegablemente Yiye era un gran hombre de Dios, pero tanto era su amor y entrega por lo espiritual, que descuidaba su salud no en la alimentación, no en el ejercicio, sino en no descansar. Se molestaba cuando le decían que tomara unas vacaciones y respondía que "el diablo no tomaba vacaciones, entonces él tampoco".

Claro que era y es verdad que el diablo no toma vacaciones, la única diferencia existente, es que el diablo no tiene un cuerpo humano, y una de las estrategias para vencer y no permitir nada del enemigo, es conocer y no subestimar nuestras propias limitaciones.

En sus mensajes sobre "el cuerpo glorificado", Yiye mismo explicaba que este cuerpo constantemente se desgasta, y que de acuerdo a las profecías bíblicas, recibiríamos un cuerpo inmortal que no se agota ni se cansa y que sería un cuerpo de gloria; sin embargo, era reacio a escuchar este tipo de consejos de descanso, y ya tenía un edad de finales de sus 70 años. Se cansaba tanto, que había veces que cuando se entablaba una conversación con él luego de sus programas, cabeceaba y casi se dormía y ni sabía lo que le decían o se olvidaba constantemente de todo.

Él no estaba pendiente de quiénes trabajaban en el canal, de qué hacían, de organizaciones y etcétera, la idea era que saliera por televisión su mensaje, esforzarse en las campañas y ya. Creía ciegamente a todo lo que su junta decía y aconsejaba, y ya a su edad mayor, por más que muchos le advertían de ellos, solo callaba y oraba a Dios. Escuchaba siempre atentamente a lo que le apercibían y decían, pero no accionaba ni "limpiaba" su Ministerio.

Un miembro de su junta, que había trabajado por años con

él, en su tiempo, había amenazado con demandas porque se había casado con una mujer que había sido divorciada tres veces y a Yiye no le agradaba la idea de tenerlo más en su ministerio para no despertar contiendas con otros concilios.

Ante la amenaza de demandas, decidió dejarlo así y solo clamar y orar a Dios.

La persona mantuvo su puesto como miembro de la junta, apoyado por ellos, y más tarde daría una muy buena y dadivosa ofrenda al ministerio, asegurando también un parking con su nombre, igual que como todos los que eran parte de la junta directiva.

Guardaban el secreto, pero también se permitía "lanzar flechas" contra los divorciados, en especial los que no estuvieran de acuerdo con ellos.

Miguel era muy joven cuando ya su abuelo estaba llegando a los 80 años. No había participado de nada del Ministerio Cristo Viene ni conocía a mucha gente de la que a veces le mencionaban. En la década de los años setenta, una década de mucho apogeo del Ministerio de Yiye Ávila, Miguel ni tan siquiera existía, solo en la mente de Dios para el tiempo que naciera.

Él nunca estuvo interesado en ser parte de nada de allí, y aún, mientras iba prácticamente arrastrando los pies para contarle a su abuelo las experiencias espirituales; su mente lo torturaba sobre la hipocresía, la religiosidad, y más etcéteras de los cuales había sido testigo desde niño en el evangelio. Claro que la misma Biblia hablaba del "trigo y la cizaña", pero la niñez ya había sido muy difícil en cuando al divorcio de sus padres y más, y no quería estar envuelto en más adversidades. Ese era su sentir y su pensar. Había estado ahora de adolescente divagando sin un padre, sin saber qué estudiar, sin saber qué rumbo tomar y sin recibir consejos ni dirección de una figura paterna desde los 17 años.

Notaba que de una forma u otra, siempre acababa rodeado por un tipo de personas que solo lo ponían a prueba, y esta vez era ahora donde trabajaba.

Su decisión final en cuanto a estudios había sido las telecomunicaciones, luego de tomar cursos básicos en la universidad interamericana de Arecibo por casi dos años.

El fuego en su corazón ardía más y más y parecía

trasladarse a sus pies.

¡Predica! ¡Predica!

No podía dejar de escuchar esa voz. Se emitía desde sus adentros y comenzaba a controlar su andar y lo aseguraba, impidiendo que en medio de tantas emociones que surgían de malas experiencias y testimonios del pasado, saliera corriendo del Ministerio ese día y abandonara su trabajo y no viera a su abuelo.

La oportunidad Dios mismo la preparó y era esa. Ya su abuelo Yiye lo estaba esperando en su oficina. Ese era el día, no otro día.

Al entrar su nieto, Yiye lo miró fijamente luego de levantar sus ojos de la Biblia. No preguntó ni tan siquiera del cambio de camarógrafo.

Inmediatamente, Miguel también se dio cuenta. Su abuelo lo había estado esperando... ¿Cómo era eso posible?

Ya lo sabía. Solo lo notó, pero no se sorprendió.

Lo ojos de Yiye emitieron un momentáneo destello de brillo, a la vez que permanecía sosegado y muy atento. Su cabello blanco pareció de momento brillar más, y no era por la luz de la oficina.

Antes de que invitara a Miguel a sentarse frente a su escritorio, ya él rápidamente se había sentado frente a él.

Los dos sabían el porqué de todo.

-Abuelo, tengo unas experiencias de las cuales te quiero hablar.

Mientras Miguel pausadamente contaba, el fuego en su interior comenzó a tomar dominio en su garganta para de forma profunda, clara y resumida y muy entendible, dijera todo lo que tenía que decir.

Parecía de momento, en una secuencia referida a un tiempo pasado, el ver a un niño hablando con los maestros de escuela dominical profundidades bíblicas, compartiendo versículos de memoria, y hablando de su experiencia con Jesús a la edad de doce años a sus padres. Ahora ese niño era un adolescente que hablaba experiencias mucho más poderosas y recientes a su abuelo, un muy gran y conocido evangelista.

Esa conexión de fascinación y amor de aquel niño por Dios

aún existía, pero ahora estaba lleno de temores.

Se podía ver en el pasado, un corazón infantil latiendo de la emoción y desde su sentir intenso por el Señor. Ahora se había manifestado en un intenso fuego y una llama viva, que le insistía para que predicara. Había siempre estado allí para luego activarse con aún más fuerza en su momento determinado.

Inmediatamente terminó de narrar todo a su abuelo.

Aquello térmico que sintió que le había prácticamente "arrastrado" sus pies para llegar allí, y que insistía en su corazón continuamente, tomó dentro de él un impulso inmediato a lo que se acumuló velozmente con mucha fuerza, e inmediatamente salió disparado como lanza hacia Yiye.

Al sentir el impacto, comenzó a hablar en un poderoso lenguaje espiritual, como el Espíritu le dio que hablase.

¡Predica! ¡Predica!

Esta vez fue Yiye quien escuchó la voz en sus adentros y se movía en el espíritu. Sus ojos permanecían cerrados.

¡Predicación! ¡Predicación!

Fue lo que escuchó también.

Su rostro y cabello blanco se veía reflejado en el cristal que ponía peso sobre su escritorio de madera, y tan pronto abrió sus ojos, tomó un bolígrafo de tinta negra y miró su calendario grande que tenía allí.

Ahora Yiye le apartaría un culto de los viernes, trasmitido por televisión, en la mañana, para que predicara allí.

Ciertamente, esa fecha de mayo 31 del año 2002, sería otro comienzo. Nadie podía intervenir ni entorpecer para que no predicara por ser parte de su horario de trabajo, ya el fundador y daría la orden y los empleados sencillamente tenían que obedecer.

Yiye inclinó su cabeza y oraba profunda y entregadamente mientras podía su mano sobre su nieto.

Fue en ese momento cuando él vio, con sus ojos cerrados, una mesa muy brillante, en donde estaba un candelabro judío de siete brazos, mejor conocido como Menorah.

Abrió sus ojos rápido al ver eso y miró a su abuelo clamando en profunda entrega con el rostro inclinado. Cerró sus ojos y luego volvió a ver la visión. Sería la primera pero no la última vez que vería este mismo tipo de revelación orando junto con su abuelo; y cada vez sería con más intensidad y más descripción en las próximas veces a solas con él, en el sótano, en donde comúnmente se apartaba.

………

Estar de pie, de frente a las cámaras de televisión, siendo su primera vez para exponer un mensaje, y además con un tercer piso lleno de gente, era algo para ponerse nervioso. Aún con batalla, cuando los propios empleados y gente con la que trabajaba, no creían que duraría mucho predicando, y menos 45 minutos, que era toda la programación. Habían hecho hasta burla, subestimándolo.

Ese día Miguel pensó que estaría predicando sin nadie que lo acompañara y como sea estaba totalmente dispuesto, ignorando lo que había dicho la gente negativa y de tropiezo, y solamente enfocado en lo que iba a exponer.

Fue en ese momento cuando su mamá Noemí llegó y pidió presentarlo antes de que su hijo expusiera la palabra. Con el micrófono, frente a las cámaras, le presentó, a la vez que la cámara del centro daba un zoom in hasta un tiro de mitad de cuerpo.

-Nos gozamos de estar en la Cadena del Milagro, donde se envía continuamente Palabra a Latinoamérica y a todo el mundo, con el fin de llevar el evangelio a toda criatura; nos gozamos por esta misión tan preciosa que Dios ha dado a este ministerio, y esperamos con la ayuda de Dios que donde tú estás, puedas recibir una bendición sumamente hermosa delante de Dios, la Palabra de Dios, la cual sostiene hoy todas las cosas, la Palabra de Dios la cual creó todas las cosas, en esta hora quiere darte fe, la fe de Dios para poderte acercar a Dios, sin que nada te lo impida, la fe de Dios para poder caminar, el camino que Dios ha determinado para ti, la fe de Dios para poderte ver como Dios te ve: Una persona victoriosa, una persona llena de todo fruto del espíritu, una persona dispuesta a caminar el camino de Dios.

Y en esta misión tan hermosa que Dios nos ha delegado, también mi hijo Miguel Sánchez, el cual está con nosotros en este lugar, ha sentido en su corazón en una forma muy especial, abrir su boca en la hermosa Palabra de Dios, la cual Dios determina: ABRE TU BOCA Y YO LA LLENARÉ.

Miguel se dirigió hacia su madre cuando esta le sonrió en

señal de que iba a darle el micrófono.

Solo en un destello, en un viaje hacia el pasado, se podía ver como esa madre, a su niño, el mayor de los tres, sonreía mientras le daba el micrófono para cantar un corito en la iglesia; cuando se reía al verlo que tocaba unas maracas de juguete en la parte del devocional, y cuando en medio de problemas, lloraba e intercedía junto a gente muy conocida por sus hijos y para poderlos tener con ella después de un duro proceso.

"Será fructífero"

Recordaba la voz de Dios.

Y allí, frente a las cámaras de televisión en el canal de su abuelo Yiye, Miguel comenzaba a predicar. Ignorando en su mente, todos los retos y todo lo que sabía que iba a venir.

Solo sintió paz en su afirmación, dicha en parte de su oración en privado, cuando estuvo de rodillas en la silla, antes de tomar la parte:

"…Señor, Tú me has traído y llevado hasta aquí, has conmigo como Tú quieras".

5

Los tres adversarios

*"Porque todo lo que hay en el mundo, **los deseos de la carne**, los **deseos de los ojos**, y **la vanagloria de la vida**, no proviene del Padre, sino del mundo" (1 Juan 2:16).*

Los deseos de la carne: Es todo lo que exalta el apetito físico fuera de sus límites establecidos. Aunque los deseos naturales del cuerpo no son como tal malos, como por ejemplo la necesidad de comida, líquido y satisfacción sexual, el diablo puede usar estas cosas lícitas dentro de sus límites para esclavizar al hombre. Los Deseos de la Carne nos llevan a vivir en contra de la voluntad de Dios.

*"Todas las cosas me son lícitas, mas no todas convienen; todas las cosas me son lícitas, mas yo **no me dejaré dominar** de ninguna" (1Corintios 6:12).*

En esta categoría de tentación, el maligno usa los deseos internos lícitos para producir pasiones carnales ilícitas; como por ejemplo el comer en exceso, también toda una gama de pecados sexuales que rompen el límite de lo moral, y todo aquello que rompa esquemas de orden.

Los israelitas cayeron en este tipo de tentación de "los deseos de la carne" cuando se "sentó el pueblo a comer y a beber, y se levantó a jugar" (1 Corintios 10:7).

"Y al día siguiente madrugaron, y ofrecieron holocaustos, y presentaron ofrendas de paz; y se sentó el pueblo a comer y a beber, y se levantó a regocijarse" (Éxodo 32:6).

El término _"la carne"_ define algo en lo más profundo de nuestro ser que forma parte de nuestra naturaleza humana. Son impulsos naturales cuya tendencia es llevarnos hacia el pecado. Cuando los deseos de la carne son satisfechos, dan lugar a "las obras de la carne."

"Digo, pues: Andad en el Espíritu, y no satisfagáis los deseos de la carne. Porque el deseo de la carne es contra el Espíritu, y el del Espíritu es contra la carne; y éstos se oponen entre sí, para que no hagáis lo que quisiereis" (Gálatas 5:16,17)

¿Qué hacemos para andar en el Espíritu?

Debemos de tener una vida disciplinada de oración, pidiendo a DIOS día tras día que nos haga cada vez más conformes a la imagen de su Hijo. En Getsemaní, a pocas horas de su muerte en la cruz, Jesús advirtió a sus discípulos acerca de la debilidad de la carne y la necesidad de orar, y les dijo: *"Velad y orad, para que no entréis en tentación; el espíritu a la verdad está dispuesto, pero la carne es débil."* (Mateo 26.41).

Debemos leer la Biblia cada día, meditar en lo que leemos y aplicarlo a nuestro diario vivir. No leer por leer o por decir que "se leyó". Así no cuenta para nada.

Efesios 6.17-18 dice: *"Tomad el yelmo de la salvación, y la espada del Espíritu, que es la palabra de Dios; orando en todo tiempo con toda oración y súplica en el Espíritu."*

Tener un tiempo de oración y lectura de la palabra de DIOS diariamente es imprescindible para vivir una vida CONSAGRADA y guiada por el Espíritu; es algo que lo alimenta, mientras más lo alimentes, la lógica es que más fuerte será en ti.

Debemos rendirnos. Conocer la verdad y actuar conforme a la verdad son dos cosas diferentes. Una vez que reconoces tu necesidad del Espíritu Santo, el próximo paso es rendir tu vida en entrega y obediencia a la Palabra de DIOS, y al absoluto control del Él.

Debemos confiar plenamente en el Señor. Nunca rendiremos totalmente nuestras vidas a DIOS, hasta que estemos seguros de que Él siempre cumplirá Su Palabra SUS PROMESAS.

Si hay dudas en nuestro corazón en cuanto al amor y el poder transformador de DIOS, nuestra naturaleza carnal buscará aferrarse a sus pensamientos, y nuestras decisiones y acciones dependerán de ellos. ES LA NATURALEZA HUMANA DE TODOS.

DIOS tiene reservado para cada uno de nosotros un futuro victorioso en todos los aspectos de nuestra vida.

El diablo trató de tentar a Jesús por medio de los deseos de la carne cuando le propuso que convirtiera piedras en pan (Mateo 4:3).

Los deseos de los ojos: Son las demandas insaciables de la vista: *"Todas las cosas son fatigosas más de lo que el hombre puede expresar; nunca se sacia el ojo de ver, ni el oído de oír" (Eclesiastés 1:8).*

En esta categoría de tentación, el maligno usará una atracción externa inherentemente buena para corromperla, como por ejemplo una casa o un auto; o una atracción mala, como por ejemplo, la mujer del prójimo.

Todo esto será para generar un deseo ilícito de codicia. Como ejemplos bíblicos específicos de esto se puede mencionar a Eva (Génesis 3:6) y Acán (Josué 7:21), quiénes cayeron en este tipo de tentación cuando codiciaron lo prohibido.

Los deseos de los ojos componen algo que está dentro de

nuestro cuerpo. Nuestros ojos son concupiscentes porque nuestra alma es concupiscente. Los deseos de nuestros ojos, por tanto provienen de nuestra propia alma.

Con relación a los creyentes, la Biblia define cual debe ser la condición frente a los deseos de los ojos:

"No en pasión de concupiscencia, como los gentiles que no conocen a Dios" (1 Tesalonicenses 4:5).

"Porque nosotros también éramos en otro tiempo insensatos, rebeldes, extraviados, esclavos de concupiscencias y deleites diversos, viviendo en malicia y envidia, aborrecibles, y aborreciéndonos unos a otros" (Tito 3:3).

"Para no vivir el tiempo que resta en la carne, conforme a las concupiscencias de los hombres, sino conforme a la voluntad de Dios" (1 Pedro 4:2).

"Por medio de las cuales nos ha dado preciosas y grandísimas promesas, para que por ellas llegaseis a ser participantes de la naturaleza divina, habiendo huido de la corrupción que hay en el mundo a causa de la concupiscencia" (2 Pedro 1:4).

Satanás conoce muy bien que el mundo actual vive bajo el deseo de querer ver, por esto es que domina el mundo bajo el poder de lo visual, de lo aparente, de lo externo, de la imagen y de lo codiciable.

Para que nosotros deseemos cualquier cosa, es necesario entonces, que hayamos visto primero aquello que ahora deseamos y entonces, alimentemos el apetito de nuestra alma con pecados que nos apartan de Dios. Los ojos son los que influyen sobre nuestra alma y nuestro cuerpo, por esto La Biblia nos dice que en conjunto con los oídos, los ojos son la parte más activa de nuestros cuerpos: *"nunca se sacia el ojo de ver, ni el oído de oír." (Eclesiastés 1:8b).*

El diablo trató de tentar a Jesús por medio de los deseos de los ojos cuando "le mostró todos los reinos del mundo y la gloria de ellos, y le dijo: Todo esto te daré, si postrado me adorares" (Mateo 4:8-9).

La vanagloria de la vida: Es lo que busca la jactancia, arrogancia, orgullo y/o soberbia. En esta categoría de tentación el maligno usa la contemplación del logro personal: La popularidad, el éxito académico, tomar también de una forma errónea el más mínimo éxito ministerial, y más etcéteras, para generar una actitud anárquica y autosuficiente. Cuando la víctima cae presa de la vanagloria de la vida, ya allí el maligno ha ganado la batalla sensual e intelectual. El enemigo hizo caer en esta tentación a los israelitas cuando *"fueron soberbios, y endurecieron su cerviz, y no escucharon los mandamientos de Dios"* (Nehemías 9:16).

La vanagloria de la vida está ligada al sistema de Satanás: Orgullo, la jactancia, la confianza, la seguridad y la exhibición vana de las cosas materiales de la vida presente.

La palabra griega que se traduce aquí de "vida" es bios, la cual denota la vida física y se refiere a la vida presente. Difiere de la palabra griega zoé; la cual también se usa en la Biblia cuando se refiere a la vida divina.

En el Nuevo Testamento, de su traducción en griego, se muestra también la palabra "psujé" que se refiere a la vida humana, la vida anímica o psicológica y bios, que denota la vida física. Por consiguiente, la vanagloria de la vida, significa la vanagloria de la vida presente en la que se jactan muchos y su estima propia y exagerada que los ciega a las posibilidades y peligros; construyendo un camino de humillación y destrucción, por eso el orgullo es sinónimo de caída, y fue precisamente lo que hizo que Lucifer mismo cayera.

"Cuando viene la soberbia, viene también la deshonra; más con los humildes está la sabiduría" (Proverbios 11:2)

"Antes del quebrantamiento es la soberbia, y antes de la caída la altivez de espíritu" (Proverbios 16:18)

"La soberbia del hombre le abate; pero al humilde de espíritu sustenta la honra" (Proverbios 29:23)

El orgullo es la raíz misma del enemigo (Isaías 14:12-14), su estrategia es seguir tratando el alma del ser humano para esclavizarlo con las mismas cadenas de pecado, las cadenas del orgullo, la altanería, la arrogancia, la cólera y más.

Los mismos creyentes pueden sentir orgullo hasta por su propia "espiritualidad" y cegarse. Un vivo ejemplo del tiempo de antes fueron los fariseos. La jactancia, como parte de la vanagloria de la vida, se manifiesta como alabanza propia, presuntuosa y exagerada.

La vida se hace vana cuando el hombre se angustia por las riquezas y corre tras el dinero, la fama, el poder y los bienes materiales, creyendo que en ellos encontrarás la verdadera confianza, cuando la Biblia dice algo TOTALMENTE diferente.

"Pero cuantas cosas eran para mí ganancia, las he estimado como pérdida por amor de Cristo. Y ciertamente, aun estimo todas las cosas como pérdida por la excelencia del conocimiento de Cristo Jesús, mi Señor, por amor del cual lo he perdido todo, y lo tengo por basura, para ganar a Cristo" (Filipenses 3:7,8).

La vanidad, el despotismo, la soberbia, el temperamento rígido y áspero, la arrogancia, etc., son signos claros de personas inseguras espiritualmente que tienen que aparentar estas actitudes para defender sus parte interior.

La exhibición vana de las cosas materiales, se señalan en la Biblia.

En Santiago 5:1-6, por ejemplo, se habla de la condición de una lucha del orgullo por el oro y el placer. Santiago habla de los que no solo están decididos a ganar dinero, sino que no se preocupan de Dios ni de los medios de conseguirlo. Forman sus planes sin ningún reconocimiento de la voluntad de Dios. Ellos deciden lo que van a hacer mañana como si sus vidas fueran suyas, no se le ocurre pedir la dirección de Dios. En realidad primero hacen sus planes y si es que se acuerdan de Dios es para pedir que prospere lo que ellos ya decidieron sin tomar en cuenta a Dios (Lucas 12:16-23).

Algo que se vive hoy día de un falso evangelio de "prosperidad".

El diablo también trató de tentar a Jesús por medio de la vanagloria de la vida cuando "le llevó a la santa ciudad, y le puso sobre el pináculo del templo" y le sugirió que desafiara al Padre, que exhibiera su poder para que rápido se apresuraran a recibirlo como Mesías (Mateo 4:5-7).

6

Promesas de Dios para tu descendencia

"Herencia de Jehová son los hijos; cosa de estima el fruto del vientre. Como saetas en manos del valiente, así son los hijos tenidos en la juventud. ¡Bienaventurado el hombre que llenó su aljaba de ellos! No será avergonzado cuando hable con los enemigos en la puerta" (Salmos 127:3-5)

"Aumentará Jehová bendición sobre vosotros; sobre vosotros y sobre vuestros hijos" (Salmos 115:14)

Pero así dice Jehová: "Quizás el cautivo sea rescatado del valiente y el botín sea arrebatado al tirano, pero yo defenderé tu *pleito **y salvaré a tus hijos**" (Isaías 49: 25)*

"Todos tus hijos serán enseñados por Jehová, y se multiplicará la paz de tus hijos. Con justicia serás adornada; estarás lejos de la opresión, porque no temerás, y lejos del temor, porque no se acercará a ti. Si alguno conspira contra ti, lo hará sin mi apoyo. El que contra ti conspire, delante de ti caerá" (Isaías 54:13-15)

Ora como David: *1Cronicas 29:18-19: "Encamina su corazón a ti. Da a mi hijo corazón perfecto, para que guarde tus mandamientos, tus testimonios, y tus estatutos."*

"Y circuncidará Jehová tu Dios tu corazón, y el corazón de tu descendencia, para que ames a Jehová tu Dios con todo tu corazón y con toda tu alma, a fin de que vivas." (Deuteronomio 30:6)

"Los hijos de tus siervos habitarán seguros, y su descendencia será establecida delante de ti." (Salmos 102:28)

"Y después de esto derramaré mi Espíritu sobre toda carne, y profetizarán vuestros hijos y vuestras hijas; vuestros ancianos soñarán sueños, y vuestros jóvenes verán visiones"

(Joel 2:28)

"Pero cuando agradó a Dios, que me apartó desde el vientre de mi madre, y me llamó por su gracia, revelar a su Hijo en mí, para que yo le predicase entre los gentiles…" (Gálatas 1:15-16)

"Porque yo derramaré aguas sobre el sequedal, y ríos sobre la tierra árida; mi Espíritu derramaré sobre tu generación, y mi bendición sobre tus renuevos; y brotarán entre hierba, como sauces junto a las riberas de las aguas. Este dirá: Yo soy de Jehová; el otro escribirá con su mano: A Jehová, y se apellidará con el nombre de Israel." (Isaías 44:3-5)

"Así dice Jehová, el Santo de Israel, y su Formador: Preguntadme de las cosas por venir; mandadme acerca de mis hijos, y acerca de la obra de mis manos." (Isaías 45:11)

"Y este será mi pacto con ellos, dijo Jehová: El Espíritu mío que está sobre ti, y mis palabras que puse en tu boca, no faltarán de tu boca, ni de la boca de tus hijos, ni de la boca de los hijos de tus hijos, dijo Jehová, desde ahora y para siempre." (Isaías 59:21)

"Y la descendencia de ellos será conocida entre las naciones, y sus renuevos en medio de los pueblos; todos los que los vieren, reconocerán que son linaje bendito de Jehová." (Isaías 61:9)

Como Job, haz oraciones diarias por tus hijos y nietos:

"Job enviaba y los santificaba, y se levantaba de mañana y ofrecía holocaustos conforme al número de todos ellos. Porque decía Job: Quizás habrán pecado mis hijos, y habrán blasfemado contra Dios en sus corazones. De esta manera hacía todos los días." (Job 1:5)

"Jehová me llamó desde el vientre, desde las entrañas de mi madre tuvo mi nombre en memoria. Y puso mi boca como espada aguda, me cubrió con la sombra de su mano: y me puso por saeta bruñida, me guardó en su aljaba; y me dijo: Mi siervo eres, oh Israel, porque en ti me gloriaré." (Isaías 49: 1-3)

Para un hijo descarriado:

"Pero así dice Jehová: Ciertamente el cautivo será rescatado del valiente, y el botín será arrebatado al tirano; y tu pleito yo lo defenderé; y yo salvaré a tus hijos." (Isaías 49:25)

"Así ha dicho Jehová: Reprime del llanto tu voz, y de las lágrimas tus ojos; porque salario hay para tu trabajo, dice Jehová, y volverán de la tierra del enemigo." (Jeremías 31:16)

"Y les daré corazón para que me conozcan que yo soy Jehová; y me serán por pueblo, y yo les seré a ellos por Dios; porque se volverán a mí de todo su corazón." (Jeremías 24:7)

"Jehová se ha buscado un varón conforme a su corazón." (1 Samuel 13:14) Ore que sus hijos sean así.

"Hallé a mi siervo; Lo ungí con mi santa unción. Mi mano estará siempre con él, Mi brazo también lo fortalecerá; No lo sorprenderá el enemigo." (Salmos 89:20-22)

Tres promesas en diferentes versículos en un mismo capítulo:

"Yo ruego por ellos; no ruego por el mundo, sino por los que me diste; porque tuyos son, guárdalos en tu nombre, para que sean uno, así como nosotros. No ruego que los quites del mundo, sino que los guardes del mal. Santifícalos en tu verdad; tu palabra es verdad." (Juan 17: 9, 11 y 15)

"Y el niño crecía, y se fortalecía en espíritu... y se llenaba

de sabiduría; y la gracia de Dios era sobre él. ...y estaba sujeto a ellos. (Lucas 1:80, 2:40 y 51)

"Desde la niñez has sabido las Sagradas Escrituras, las cuales te pueden hacer sabio para la salvación por la fe que es en Cristo Jesús." (2 Timoteo. 3:15)

Y recuerden que la obra y la batalla es de Dios: "Porque no se apoderaron de la tierra por su espada, ni su brazo los libró; Sino tu diestra, y tu brazo, y la luz de tu rostro, porque te complaciste en ellos. Tú, O Dios, eres mi rey; manda salvación a Jacob. Por medio de ti sacudiremos a nuestros enemigos; En tu nombre hollaremos a nuestros adversarios. Porque no confiaré en mi arco, ni mi espada me salvará; En Dios nos gloriaremos todo el tiempo." (Salmos 44: 3-8)

"Antes que te formaste en el vientre te conocí, y antes que nacieses te santifiqué." (Jeremías. 1:5)

PELEA TU BENDICIÓN Y CREE EN LAS PROMESAS DE DIOS. Recuerda:

"Porque la palabra de Dios es viva y eficaz, y más cortante que toda espada de dos filos." (Hebreos. 4:12)

"Así será mi palabra que sale de mi boca; no volverá a mí vacía, sino que hará lo que yo quiero, y será prosperada en aquello para que la envié." (Isaías 55:11)

Seamos "imitadores de aquellos que por la fe y la paciencia heredan las promesas." (Hebreos. 6:12)

Amén.

7

La seducción

Luego de terminar otra campaña más de Yiye, su coordinador cayó en un profundo sueño por todo el cansancio y el agotamiento físico. Para él era una bendición trabajar con un gran siervo de Dios y siempre daba a Dios gracias por ese gran privilegio. Era una persona muy humilde y amaba mucho a Yiye. Había sido el precursor de coordinar actividades dirigidas a la juventud, las cuales se llenaban a capacidad y había muchas conversiones, sanidades y milagros. Su esposa también trabajaba junto con él en el Ministerio. Él era una persona muy reservada pero solía "darse la vuelta" con los demás empleados y hermanos en la fe para contar chistes y reírse con ellos en tiempo libre de trabajo. Era definitivamente un excelente coordinador al cual Dios usaba. Esa noche, sencillamente había quedado rendido en su cama, sin tener ni tan siquiera las fuerzas para bañarse.

Solo unas horas después, abrió sus ojos y de momento le pareció no estar en su habitación, por lo que se movió pesadamente a tomar de su mesa de noche sus espejuelos para poder ver bien y no estar "fuera de foco" o mirar borroso. Quizás sería eso. Lo extraño era la brisa helada que comenzaba a sentir como si estuviera a la intemperie, lo que le hizo hacer una pequeña pausa de momento, extrañado y confundido, para luego apresurarse y finalmente tomar sus espejuelos y ponérselos.

En la perturbación, se miró a lo largo de un perdido desierto en medio de la nada. El calor almacenado en el suelo y la atmósfera cercana, perdido por la radiación de onda corta y la unión de cielos despejados, poca cantidad de humedad, falta de vegetación, unidos al viento, hizo de momento que la temperatura bajara a cero grados.

Era la noche en medio de aquel desierto.

Se levantó y comenzó a caminar y a mirar alrededor, perdido y desorientado, con su aliento congelado y tratando de resistir el frío mientras inútilmente se cubría con sus brazos. Caminaba en medias pero por lo menos, el haberse quedado dormido en pantalones y camisa, era mejor que haberse aparecido allí en una delgada tela de piyamas.

Cayó de rodillas y exclamó: -¡Señor qué es esto! ¡No aguanto más este frío!

Su rostro estaba caído cuando de repente una luna llena comenzó a brillar con intensidad y a alumbrar más el lugar. El frío parecía disiparse pero como quiera, estaba impregnado en su cuerpo y seguía padeciendo igual mientras levantó su cabeza y vio alguien que venía caminando hacia él. Había visto primeramente la sombra en la arena.

Entrecerró sus ojos para tratar de ver mejor, pero de momento ya la persona estaba frente a él, lo que le asustó y le hizo caer hacia atrás de momento.

-Yo soy señor- Dijo el personaje vestido de blanco. Era rubio, de cabello largo y resplandeciente y de mucho atractivo, parecía ser un ángel. Sus ojos azules resplandecían. Su cabeza estaba cubierta por una "capucha" blanca que era parte de su atuendo, el cual parecía imitar el de Jesús, solo que no se veían sus pies.

-¿Quién eres? ¿Eres un ángel? ¿Qué es este lugar?

El personaje sonrió y respondió:

-No soy un simple ángel, soy un querubín protector, el que emana la luz misma y el dador de la luz- Decía a lo que señalaba la luna que irradiaba imponente su brillo, alumbrando en ese momento el lugar desértico.

-¿Qué es este lugar? ¿Por qué estoy aquí?

En la insistencia, aquel personaje le miró fijamente, directo a sus ojos, y luego a su pecho, un poco ligeramente hacia su lado izquierdo, en su corazón, para luego expresar una sonrisa de satisfacción.

-Este es el lugar a donde te he traído para que se resuelvan tus inquietudes y problemas. Piensas mucho en qué pasará después de que Yiye muera… ¿No es así?

Sorprendido, asintió ante el "querubín".

-¿Y cómo tú sabes eso?

-Ya yo te dije quién soy, y se perfectamente quién tú eres… ¿Amas a tu familia verdad? ¿Qué piensas que pasará con ellos una vez que Yiye muera? ¿Crees que conseguirás un trabajo y crees que podrás ganar tan fácilmente como allí? Tu principal reto es la familia de él. Tienes que asegurar tu futuro y asegurar el control.

Las cosas que aquel ser decía, no dejaban pensar ni meditar a la persona relacionado a quién o qué realmente era lo que estaba de frente a él. Sentía como todos sus temores e inseguridades se activaban y tomaban control.

El personaje vestido de blanco añadió: - Si ahora mismo tuvieras a tu familia muriendo de hambre en este desierto, y solo hubiera pan… ¿Les darías de comer? ¿O permitirías que la familia de Yiye se llevara todo y comiera y la tuya muriera de hambre?

El hombre pareció comenzar a mostrar una mirada colérica, meditando en lo que le acababan de decir, a lo que el ser se comenzó a burlar y tomó unas piedras del suelo y se las arrojó hacia las manos al hombre, quien las recibió, convertidas en pan.

De momento, el desierto y todo lo demás desapareció y se

transportaron al techo del Ministerio, pero de pronto, no parecía de tres pisos, sino un rascacielos.

-No te respetan- Comenzó a decirle el ser rubio, de vestiduras blancas al hombre-, si no hay respeto ni sumisión, te tratarán como si fueras nadie. Llevas ya años sirviendo a Yiye y para qué… Tienes que usar el miedo, tienes que hacer que te teman, tienes que tomar el control, eso solamente se logra venciendo tus temores y demostrando fuerza. Tienes que moverte estratégicamente y demostrarles fuerza, ejercer dominio, organizarte más y con puño de hierro decir ¡YO SOY EL QUE MANDO! ¡TU ERES EL VICEPRESIDENTE!

El hombre pareció determinado y llenarse de valor, satisfecho totalmente con la idea.

El personaje le siguió hablando: -Esto que ves aquí es el tercer piso del Ministerio, lo ves como un rascacielos porque tienes miedo, pero sin embargo, la misma Biblia dice que los ángeles te protegerán, y yo soy algo mayor: Un querubín de luz que estoy aquí para protegerte. Ayer mismo, en el mensaje de Yiye, pudiste oír de los ángeles y su protección. Tienes que llenarte de valor, tirarte y confiar, solo hay tres pisos, no es un rascacielos, y obviamente si te tiras mi mano te sostendrá para que no te pase nada.

Mientras se llenaba de más coraje y valor, lentamente el hombre fue retrocediendo para ir tomando impulso, miró de momento con un poco de dudas al personaje, el cual comenzó a brillar intensamente, dejando al descubierto sus dos largas doradas, y resplandecientes alas.

-¡Hazlo ya! ¡Estoy aquí para protegerte! ¡Debes de saltar! ¡Te desprecian! ¡Te creen nada y se burlan de ti! ¡Adquiere ya tu autoridad de una buena vez!

Aquellas palabras fueron su motivación final, y se tiró al vacío.

El personaje resplandeciente, se apresuró y lo tomó por los brazos, impidiendo que se estrellara contra el piso, y haciendo un cómodo y suave "aterrizaje". El rascacielos si habían sido solo tres pisos.

El querubín, complacido, chasqueó sus dedos y ahora se transportaron a otro lugar, en donde parecía ser un tipo de futuro alterno: Un gran y gigantesco canal de televisión con una estatua gigante de Yiye Ávila, quien ya había fallecido, y dentro, bóvedas gigantescas, llenas de dinero.

-Este puede ser tu futuro- le dijo-, tú eres el líder que Dios llamó, y aunque no prediques, los predicadores se tienen que someter a ti porque la autoridad la tienes solo tú. Podrás seguir la misión de Yiye y tener todo lo de él, y podrás hacer dinero, solo a ti te pertenece. Podrás comprarle a tu hijo un jeep del año o un carro caro. Él se lo merece…No habrá nadie como Yiye, no habrá otro como él, y su legado lo sigues tú y quién tú elijas y quien se someta a ti.

Mientras hablaba, el Querubín ahora estaba en otro tipo de manifestación, vestido con un atuendo negro y tenebroso.

El hombre que estaba de frente a él, convencido, se postró y se inclinó.

……..

De momento despertó. Ya era de mañana. Se había quedado dormido del cansancio y con la ropa de ayer puesta.

Le dolía mucho la cabeza y se había levantado muy tarde, recordaba haber estado soñando pero a la vez no recordó ni qué soñó. Estaba totalmente aturdido y desorientado. Sentía un terrible mareo y náuseas, y fue al baño a vomitar en el inodoro.

CAPITULO FINAL
1

¿También te quieres ir?

Fue un día donde lo que había sido imposible sucedió: Jesús había alimentado a más de 5mil personas con solo cinco panes y dos peces. Había ido al otro lado del mar de Galilea, el de Tiberias, y una gran multitud le seguía al ser testigo de sus señales, de las sanidades continuas a enfermos y de los milagros.

Andrés, hermano de Simón Pedro, había traído al muchacho con los cinco panes de cebada y los dos pececillos exclamando:

- Aquí está este muchacho con estos cinco panes de cebada y dos pececillos; más ¿qué es esto para tantos?

En medio de tanta hierba que había en el lugar, Jesús mandó a hacer recostar a la gente, dio gracias por los alimentos y repartió todo entre los discípulos.

TODOS SE SACIARON.

Luego mandó Jesús a recoger los pedazos que sobraron para que NADA se perdiera y llenaron doce cestas de pedazos, que sobraron de los cinco panes de cebada con los que se alimentaron las más de cinco mil personas.

Ningún otro milagro de Jesús había sido realizado en presencia de tantos testigos, ni tuvo tantos beneficiarios a su vez. Ciertamente, el acontecimiento era realmente importante. Tristemente, un milagro anterior, con el paralítico de Betesda, tuvo como resultado que Jesús fuese rechazado en Jerusalén, a tal punto, de que los judíos habían comenzado a perseguirle para tratar de matarlo.

Parecía ser que con la medida en la que Jesús demostraba quién era Él, mayor era el rechazo hacia su persona. Ahora, con aquel milagro, la multitud quiso apoderarse de Él para hacerlo rey, pero Jesús se apartó de ellos y no se prestó a sus deseos. Entendiendo que iban a venir, se apartó y se retiró al monte solo.

Aquel milagro sacaba sin censura y a flote, el tipo de Mesías que los judíos buscaban. Ellos solo querían un Mesías que le trajera bendiciones materiales y en abundancia hasta saciarse, por lo que no podían ocultar que su mirada estaba puesta en ellos mismos y sus necesidades temporales. En esos momentos, el entusiasmo popular era: Bueno, si Jesús ha podido resolver la falta de comida, también podía solucionar todos los problemas que incluirían la reconquista de la independencia nacional… ¡Pudiera sanar y hasta resucitar a los que enfrentaran a los romanos y vencerían!

Eran también los días en los que ya se preparaba para celebrar las pascua en Jerusalén, la fiesta en la que se recordaba la liberación de la nación de la opresión egipcia y la esclavitud. Fue en medio de ese ambiente de entusiasmo donde planearon llevarse con ellos a Jesús a Jerusalén para que fuese su líder. Ya hasta imaginaban una época de esplendor como nunca había sido en la nación judía.

Con Jesús como rey en Jerusalén, nunca les faltaría comida gratis, y además, acabaría con todas las tragedias humanas como la enfermedad y la muerte. Así que, estaban dispuestos a llevarlo con ellos, aunque fuera contra su voluntad. Jesús no se prestó a sus propósitos de hacerle rey, e inmediatamente mandó a sus discípulos entrar en la barca e ir a la otra orilla mientras él se fue al monte a orar sólo. Aun así ellos no se dieron por vencidos y al día siguiente lo buscaron con la intención de que repitiera el milagro de la multiplicación de los panes. Pero Jesús tampoco accedió a complacerles en esta nueva ocasión. Así que se produjo un cambio radical en el entusiasmo popular. Aquellos que querían hacerle rey, al día siguiente le abandonaron por miles.

Los hombres siempre están dispuestos a ser exaltados y recibir honores, pero Jesús era el Hijo de Dios, y no se dejaba mover por la vanidad y el orgullo. Por esta razón, cuando vinieron para hacerle rey, él se retiró, sin embargo, cuando más tarde volvieron para crucificarle, él se presentó ante ellos voluntariamente.

-"De cierto, de cierto os digo que me buscáis, no porque habéis visto las señales, sino porque comisteis el pan y os saciasteis".

Este hecho quedaría marcado en la historia para que fuere revelada una actitud del corazón humano: Mucha gente seguiría al Señor por la misma razón, porque "comieron y fueron saciados". Sin embargo, una vez que fueran probados con cualquier obstáculo, inmediatamente desistirían (Marcos 4:16-17). Sí, igual que esta gente, estarían listos para hacer a Jesús su rey, pero sin raíces en la fe, como tampoco tenían. Algo que sería semejante a los días del evangelio de la "prosperidad" en los últimos días.

Por supuesto, el Señor da abundantes bendiciones en cada campo de la vida, pero habrá también períodos de prueba de la fe, de "persecución o tribulación por la Palabra". Aquellos que tienen fe permanecerán mientras que aquellos que solo son temporales, que solo comieron el pan y lo buscaron por el pan, se irán.

La multitud estando satisfecha corría para encontrar a Jesús. Como en las elecciones donde los votantes corren tras los políticos que les prometen más y más pan, más prosperidad, o como en el tiempo final lo harían ante falsos predicadores.

Se apresuraban tras el Señor porque estaban satisfechos. "¿Qué milagros me cuentas? ¿Qué enseñanzas? Te sigo porque puedes incrementar mis bienes. Puedes darme más cosas, mejores cosas, cosas más grandes." Lo buscaban por todas partes. Cuando lo encontraron, Él clara y severamente los regaño.

-"No deben de poner su atención en lo que perece sino en lo que no perece, la vida eterna" (Juan 6:27).

Y ahí comienza la conversación:

"Entonces le dijeron: ¿Qué debemos hacer para poner en práctica las obras de Dios? Respondió Jesús y les dijo: Esta es la obra de Dios, que creáis en el que Él ha enviado. Le dijeron entonces: ¿Qué señal, pues, haces tú, para que veamos, y te creamos? ¿Qué obra haces? Nuestros padres comieron el maná en el desierto, como está escrito: Pan del cielo les dio a comer. Y Jesús les dijo: De cierto, de cierto os digo: No os dio Moisés el pan del cielo, mas mi Padre os da el verdadero pan del cielo. Porque el pan de Dios es aquel que descendió del cielo y da

vida al mundo. Le dijeron: Señor, danos siempre este pan".

(Juan 6:28-34)

Luego el Señor les explicó que Él es el Pan de Vida y esa es la voluntad del Padre *"Que de todo lo que me diere, no pierda yo nada, sino que lo resucite en el día postrero"*, dijo.

"Murmuraban entonces de Él los judíos, porque había dicho: Yo soy el pan que descendió del cielo. Y decían: ¿No es éste Jesús, el hijo de José, cuyo padre y madre nosotros conocemos? ¿Cómo, pues, dice éste: Del cielo he descendido?"

Y en el verso 52:

"Entonces los judíos contendían entre sí, diciendo: ¿Cómo puede éste darnos a comer su carne?"

De seguirlo en multitudes, una vez que escucharon Su Palabra, la misma gente que había comido de sus manos un día antes, la misma gente que habían tomado las barcas para buscarlo y que querían hacerlo rey, "murmuraban contra Él".

Quedaba claro, que cuando alguien sigue al Señor por las razones equivocadas, puede llamarlo "Señor y Rey", pero cuando las cosas no salen como él desea, el Señor se convierte en ***"este"*** sin valor alguno. Jesús obviamente no cabía en lo que ellos pensaban. Así que, en vez de cambiar su opinión, se fueron.

Así no solo sucedería con Jesús, sino con muchos con los cuales él tuviera planes. Serían despreciados y rechazados por buscar las razones equivocadas y tener sus propias metas en ellos mismos, alejadas del propósito divino, y hasta de la misma salvación que no heredarían.

Muchos de sus discípulos dijeron: Dura es esta palabra; ¿quién la puede oír?"

La queja no pasó desapercibida por el Señor, quién explicó:

"¿Esto os ofende? ¿Pues qué, si viereis al Hijo del Hombre subir adonde estaba primero? El espíritu es el que da vida; la carne para nada aprovecha; las palabras que yo os he hablado son espíritu y son vida. Pero hay algunos de vosotros que no creen".

Jesús sabía desde el principio quiénes eran los que no creían, y quién le había de entregar.

¿Es posible que aunque habían visto tantos milagros no creyeron? Así fue.

Desde entonces muchos de sus discípulos volvieron atrás, y ya no andaban con Él.

Los discípulos que hicieron eso no fueron uno o dos. Muchos escogieron volver y ya no seguirlo. Las multitudes lo dejaron y junto con ellos muchos de los discípulos. Sin embargo, el Señor no corrió detrás de ellos. Para estar con Él tenían que tener las razones correctas.

Jesús se volvió a los doce discípulos principales.

-"¿Queréis acaso iros también vosotros?"

Jesús no obligó a nadie a quedarse (y no obliga). Había invertido tanto: Les había dado poder, les había dado autoridad, hizo milagros, les había abierto su corazón, los había llamado amigos; sin embargo, no los controló y no controla a nadie. No nos quiere con Él solo porque Él así lo quiere sino porque tú también lo quieres.

Le respondió Simón Pedro: *-Señor, ¿a quién iremos? Tú tienes palabras de vida eterna. Y nosotros hemos creído y* *conocemos que tú eres el Cristo, el Hijo del Dios viviente.*

Ante lo que se podía ver, también quedaba respondida una muy importante pregunta: ¿Por qué Jesús mandaba a callar a los demonios cuando ellos daban testimonio de Él? Después de todo, Él se encarnó para dar testimonio de la verdad y la verdad era y es ÉL MISMO ¿Por qué esconder su identidad?

Porque la afirmación de parte de los demonios no venía de un corazón que quería honrar a Dios y su hijo, igual que la gente cuando quiso hacerlo rey.

Satanás y sus demonios no tienen un problema de Teología. Las tinieblas conocen del poder y el carácter de Dios. Satanás siempre ha conocido lo valioso de la santidad y justicia de Dios, por lo que cuando acusó a Job, el señalamiento fue que él amaba más las bendiciones que al dador de las bendiciones. En nuestro plano terrenal, hay un velo formado por el mismo Satanás, que engaña a los hombres y no les permite ver a Dios como Él es.

En el plano espiritual, aun a lo lejos resultaba evidente para los demonios quién era "este" Jesús que caminaba la tierra. Estos demonios no estaban buscando someterse a Jesús como el hijo de Dios. Ellos gritaban quién Él era, y a la vez huían de Él.

Anunciaban "¡LUZ!", mientras corrían hacia sus tinieblas.

Quienes estaban anunciando a Jesús no eran amigos del cielo, ni querían el avance del reino de Dios. Cualquier alabanza que los demonios expresaran acerca de Jesús solo podía dañarle, por venir de parte de seres impuros e inmundos.

Si ellos le hubieran acusado o dicho que Él era un hombre común y corriente, tampoco hubiera servido de mucho para el Mesías, puesto que hubiera sido una mentira obvia. Entonces, ¿qué hacía Jesús? Les ordenaba que estuvieran SILENTES. El silencio de las tinieblas era y es lo más conveniente para que PREVALEZCA el Reino de la Luz. Además de que, no solo la orden de silencio era para los demonios, sino también para los hombres y mujeres a quienes Jesús sanaba.

El Señor estaba perfectamente consciente de que los judíos esperaban a un Mesías que los libertara del imperio Romano, pero Jesús había venido a libertar al pueblo del imperio del pecado y de la muerte. Una coronación temprana como Mesías y Rey hubiera impedido que Él caminara junto a los humildes en su predicación del reino de los cielos, un reino donde los pobres en espíritu y los que padecen hambre y sed de justicia son los bienaventurados. Su propósito no era que los demonios o los hombres lo confesaran y coronaran Mesías Rey: Él vino a cumplir con toda justicia, lo que incluía su muerte como criminal en un madero, hecho maldición por nuestra culpa.

Debido a ese mismo madero, a esa misma cruz, en su segunda venida, toda lengua confesará y toda rodilla se doblará ante Jesús el Señor, para gloria de Dios Padre y por medio del poder manifiesto del Espíritu Santo.

2

Persecución

Miguel dormía en su cuarto bien profundamente luego de haber llegado de una campaña en el Ecuador. Se habían abierto grandes puertas con alguien que podía llamar amiga suya y de su madre, una muy buena coordinadora, la directora del Ministerio de su abuelo en ese hermoso país: Rosa Cardozo-Castillo.

Desde el año 2004, en su primera vez en el Ecuador, pudo dar predicaciones junto a su madre y hasta cumplir años allí, celebrando junto a todos. Su abuelo daría otras predicaciones aparte. Se podía ver el poster o afiche promocional que decía: "Unidos por la misma sangre", con una foto de cada uno de los tres por separado.

La junta directiva y su vicepresidente, no querían que se le coordinara ni abrieran puertas a la familia de Yiye, y antes de eso, que ni se mencionara ni que existían. Comenzaron a buscar alianzas entre dos personas que trabajaban como empleadas en el Ministerio en Ecuador: Virmania y Luciola, las cuales comenzaron a ponerse de su lado mientras se comenzaba a orquestar un plan contra la directora del Ministerio en Ecuador.

-Rosa- Se reunieron con ella en Ecuador, llegando desde Puerto Rico-, quizás ellos sean familia de Yiye, pero nosotros somos los que tenemos el poder. Queremos que coordines campañas a nuestros evangelistas y queremos que hagas todo SOLAMENTE para nosotros.

Rosa se negó a obedecer a unas cosas que iban contra la familia del presidente y fundador, lo que les causó a ellos mucha ira y decidieron querer sacarla a largo plazo.

Miraban con celos y repulsión el hermoso afiche familiar que decía imponente: UNIDOS POR LA MISMA SANGRE.

Miguel aprovechaba y coordinaba junto con una persona

del Ministerio en Camuy, que viajaba hacia San Juan a hacer gestiones, para que le pudiera ayudar en el viaje en carro, y le dejara en el aeropuerto para luego irse en avión al determinado país a realizar sus predicaciones. Entendía que no había problemas, porque como quiera, la persona tenía programada esa ida y ya tenía el presupuesto para como quiera pagar el peaje y gasolina que iba incluido en el gasto que como quiera tenía que hacerse al ir a San Juan. Obviamente por su abuelo no había problemas, y estaba muy contento cada vez que su nieto venía con un listado de 200 y 400 convertidos de las actividades coordinadas en Ecuador y Perú por Rosa Cardozo.

El vicepresidente de la junta se puso muy molesto cuando se enteró de que del Ministerio llevaban a Miguel al aeropuerto para luego seguir con las demás gestiones, y mandó a hacer un desglose de gastos en un memo, que le envió a Miguel y que tenía que cubrir si iba llevado por el mensajero que viajaba hacia San Juan. El total de gastos que le incluyó era de cincuenta y siete dólares.

Por igual, cuando Yiye aprobaba un presupuesto para cubrir un costo de viaje hacia el Ecuador, como se hacía con todo evangelista del Ministerio cuando viajaba, en el caso de Miguel, el vicepresidente trataba siempre de intervenir para que no se pagara el pasaje para que el joven no saliera a evangelizar, alegando de que "habían muchos gastos", pero Yiye decidía a favor de su nieto.

A este individuo en el Ministerio, comenzaron a temerle. Él iba adquiriendo un control y nadie podía hacer nada, apenas Miguel había llegado joven y estaba comenzando prácticamente a trabajar allí, Yiye no había tenido un hijo varón a su lado y su hija predicadora tenía su Ministerio a parte aunque había comenzado con él. Ya había una junta organizada totalmente entronada.

En la oficina del vicepresidente, se podían ver recuerdos de todos los viajes a los determinados países con los cuales había viajado con Yiye. El Ministerio también organizaba un viaje anual a Israel, al cual él y otros de la junta habían ido más de una vez con todos los gastos pagos, y de lo cual el nieto de Yiye nunca sería parte, además de ser obstaculizado en acompañar a su abuelo a campañas fuera de Puerto Rico hacia otro país, pero en medio de supuestos "gastos", ellos si podían ir.

Cuando acompañaba a su abuelo Yiye en campañas y cultos dentro de Puerto Rico, notaba que de todas las fotos que se tiraban en los eventos, las que iban aprobadas para publicarse en la revista ministerial, eran aquellas en las cuales Miguel no salía.

El joven fue poco a poco y con mucha dificultad, orientándose y enfocándose en el plan de Dios y lo que Dios quería. Si había algo seguro, es que Dios nunca se equivocaba, pero la junta del canal y del Ministerio, eran el obstáculo mayor del enemigo para batallar contra el desánimo. Su enfoque era solo ellos mismos, y el vicepresidente, cada vez más abarcaba todo para tener el control absoluto y saber hasta lo más mínimo de cada departamento y que todo se hiciera si él lo aprobaba, persiguiendo y entorpeciendo a muchos y adquiriendo control específico de las finanzas.

En algunas iglesias, parecían pretender que Miguel fuera y predicara de reglamentos conciliares más que de la Biblia, pero dejaba claro que su predicación era al gusto de Dios, no del hombre, y que eran mensajes que tenían que ver con lo espiritual, no reglamentos de cada Pastor en su iglesia.

La gente estaba con la obsesión de "sustitutos de Yiye", y otros con que "nadie sería como Yiye"; sin embargo, la contradicción era que si "nadie sería como Yiye" ¿Por qué querían comparar al nieto para que predicara igual o fuera igual?

Otros querían comparar y otros confundían el término de "sana doctrina" con cosas que Yiye nunca ni decía. Parecían algunos estar esperando un "mesías sustituto" que no hablara las realidades en su contexto y las profundidades bíblicas en su esencia genuina, para aparentemente mantener un extraño "legado" de veneración por otras cosas que no tenían que ver con Dios ni con su plan.

¿Qué explicación bíblica se podía dar en decir que era "pecado" que la mujer se afeitara las piernas porque "Dios la hizo así", pero que el hombre se tenía entonces que afeitar, aunque Dios lo haya "hecho así"?

O decir que "la comida china es dedicada a dragones" y por eso "no se puede comer", cuando hasta Jesús mismo dijo que lo que contamina el cuerpo no es lo que entra si no lo que sale (Mateo 15:11)

Muchos tenían el argumento bíblico de decir que *"Dios no*

cambia, que es el mismo ayer hoy y por los siglos" (Hebreos 13:8).

Esto era para justificar reglamentos conciliares evangélicos que en nada venían al caso.

-Sí, pero una cosa es Dios – decía-, un Dios intachable que no cambia porque es perfecto, pero otra cosa es el plan de ese Dios perfecto hacia seres imperfectos con el propósito de salvación y redención el cual si cambia y la Biblia lo dice. Las dispensaciones son revelaciones progresivas de parte de Dios a la humanidad que incluyen maneras de ser o una forma de vida diferente o distinta. La reina Ester por ejemplo, salvó a su pueblo y su experiencia no fue la misma que Jezabel, que era una mujer impía. Rebeca no tuvo el mismo propósito que Raquel, y las culturas, épocas, todo difiere, pero el principio espiritual prevalece y no es la misma experiencia de salvación para cada cual para encerrar a Dios en su cajón de pensamiento.

Muchos quedaban mudos, pero a la vez airados.

Por no apoyar estas cosas, comenzaron persecuciones y algunos con difamaciones de decir que "Miguel era el que dirigía el canal de su abuelo y que el canal estaba cayéndose";

sabiendo aún que no era verdad, todo era porque sencillamente no iba de acuerdo a sus ideas propias, sino a lo que la Biblia decía en su contexto.

La realidad es que el nieto de Yiye, no podía salir de atrás de una cámara, su trabajo era de camarógrafo, y allí se encargaría el vicepresidente que permaneciera porque no le convenía; sin embargo, por idea de su mamá Noemí, luego de haber hablado con su abuelo, entre los dos idearon que tuviera un espacio de televisión, en donde se desarrolló un programa de mucha bendición.

Ahora los chismes eran de que "no era como su abuelo porque no predicaba en campañas", sin embargo, lo obvio es que para un programa de tv en un estudio, se trataba de seguir un formato diferente, además de que a cada rato salía a predicar fuera o dentro de Puerto Rico. Eran a veces incomprensibles, contradictorios, infantiles y desconocedores los ataques. Todo era por atacar mayormente, por causa de que se predicaba la verdad bíblica y esa era la manía; entonces el enfrentamiento era miedo, al pensar que, al surgir alguien con conocimiento y respaldo divino, les tumbaría a la larga o a la corta, un "negocio" y control hacia personas. Había algo claro: NADIE ATACA NUNCA A LO QUE NO TEME. Y si teme, es que hay algo que lo afecta gravemente.

Mucha gente de inicio no sabían que él era el nieto de Yiye, sin embargo, era algo que no se podía negar, pero que sería ahora el motivo mayor de ataques, por sencillamente no estar de acuerdo en glorias humanas, ni respaldar y predicar de "poderíos" ni "dominaciones" de reglas particulares de cada cual que en su opinión y parte muy personal, establecían en sus iglesias.

Cuando vinieron ataques de "pastores" más "conocidos", lo más asombroso es que eran personas acusadas de terribles escándalos sexuales y más, que hacían "obras" en otros países en lugares de gente más humilde que se creían cualquier invento.

Estaba este grupo que no aceptaba la Palabra que Miguel exponía porque les era contraria a lo que ellos querían, sin embargo, el programa crecía y su transmisión por televisión e internet, traía a muchos a la verdad y daban testimonio de increíbles experiencias espirituales.

Mientras dormía en su cuarto profundamente, Miguel sentía que estaba su cabeza recostada sobre las piernas de un hermoso ángel que acariciaba su cabeza con mucho amor y sentía poder descansar más en el espíritu. El techo estaba abierto y se veía una larga escalera donde más ángeles estaban distribuidos en cada cierto número de escalones, y algunos de ellos estaban con unos pergaminos. Se veía a la vez como el cielo del universo mismo, rodeado de constelaciones, y lo que parecía ser un "portal" dando círculos, en una la luz blanca, mezclada con el color violeta más hermoso.

....

Al despertar, Miguel vio que eran ya las cinco de la madrugada, y tenía que ir a trabajar y hacer cámaras en el programa de oración de las 6. Había veces en las que él dirigía el programa y otras sencillamente operaba las cámaras de interiores. Casi siempre su abuelo le pedía que diera el programa de oración con él y al terminar, muchas veces los empleados del Ministerio se reunían en grupo con Yiye para orar e interceder por él y sus campañas, en donde se sentía la presencia y el poder de Dios.

Esa mañana, había más quietud, Miguel oraba al lado de su abuelo, junto a otra persona más. Todos oraban separados, callados, si pronunciar palabras, solo en su mente.

Fue en un instante que apareció aquella visión. Era un lugar totalmente lleno de gente, donde alguien exponía la palabra en una plataforma, frente a un gigantesco estadio lleno, y todos escuchaban muy atentos y callados.

Es difícil no conocerte a ti mismo cuando te ves en una visión, aunque sea de espaldas. Él mismo era el que estaba predicando en la visión.

Miguel abrió los ojos y miró a su abuelo, quien estaba entregado en la oración, arrodillado en la silla igual que él. Miro hacia los lados y todos estaban orando. Estaba impactado ante lo que veía ¿Qué estaba provocando esa visión?

Ya había predicado en estadios, apenas comenzando, en la primera vez que fue al Ecuador, como lo fue en el estadio Capwell, en Guayaquil. También en el Perú y más actividades, pero aquello era gigantesco y a capacidad.

Cerró sus ojos nuevamente, y la misma visión apareció

como si nada, estaba allí imponente y sin irse ni poder ser evadida.

Era una gran multitud. Era un estadio lleno a capacidad y todos atendían a la profunda Palabra que se exponía.

Se sentía que era un momento futuro, un momento de grandes tragedias, un momento en el cual, muchos en sus países alrededor del mundo, despertarían ante el evidente cumplimiento de las profecías cercanas a un fin. Era un evento muy cercano a un desenlace en un tiempo muy corto restante.

Miguel se levantó un instante y se fue al baño a lavarse la cara. Lleno de preocupaciones. Visiones irreversibles y dadas, pero continuos problemas. Esperando la limpieza de Dios en ese lugar, pero todavía nada llegaba. Su abuelo estaba cada vez más mayor y había ya recientemente sufrido un derrame que le estaba afectando progresivamente su memoria y coordinación, y el "dueño y señor" controlador de todo, el vicepresidente, ahora tenía en mente ordenar que se quitara el salón de oración del tercer piso para ampliar supuestamente el control de audio y el control del director de las cámaras en el tercer piso para la transmisión de los cultos.

Sin oración imposible, y él sabía muy bien que el enemigo estaba detrás de bastidores.

Poco antes de que su abuelo Yiye tuviera el derrame, recordó como él lo miró fijamente, mientras entraba a su oficina a preparar la cámara para grabarlo en el programa de la Cadena del Mediodía. La mirada era como si alguien le estuviera hablando al oído, o estuviera prestando atención a una clase, a la vez que se impactaba, como si le estuvieran dando una noticia o transmitiendo una información.

Lo único que Miguel podía pensar era en lo negativo al percatarse de la mirada expresiva de Yiye: De seguro había un chisme nuevo en el Ministerio de algo que se inventaron, y habían venido a su abuelo con cosas para molestar y ahora su abuelo hablaría con él.

Cuando Yiye habló, despejó las dudas: - Dios te va a usar en sanidades, y muchos se van a sanar.

Afirmaba con toda seguridad mientras asentía lentamente y le miraba.

Bueno, ya Miguel venía de campañas y había traído los

informes de convertidos y sanidades, como organizadamente se hacía en el Ministerio de su abuelo, quizás hablaría de eso. Pero parecía ser algo más.

La mente de Miguel trataba de desconectarse del lugar y estaba perdiendo interés en atender a demasiado a las cosas. Cada vez que llegaba de una actividad, la esposa del vicepresidente, que estaba ahora de "Jefa de ornato", siempre se daba la vuelta para mandarlo a él y a los camarógrafos a barrer y a limpiar si no había grabaciones. En una, Miguel "explotó", porque la mujer se atrevió a mandarlo a querer lavar los inodoros. Una cosa era ser "humilde" y otra cosa era que te quisieran humillar porque venías siempre de campañas con grandes victorias y eso les molestaba porque se sentían menos, aun cuando dominaban todo.

No se podía pasar la vida yendo a donde Yiye y en un "tira y jala" cada vez con gente de allí, ya eso cansaba, aunque esa parecía ser la idea de muchas de las personas mayores de la tercera edad que estaban en el entorno. En pocas palabras: ERAN UNOS VIEJOS CHISMOSOS.

Querían manipular, que "la escuela de Yiye" era la

"humildad" para mandar a barrer, levantar varillas, sacos de cementos, mover cosas de un lado al otro cada vez que el vicepresidente, que ahora tenía el control absoluto, se le ocurría una innecesaria construcción, invirtiendo con el dinero de los ofrendantes. No había visión, no había organización, menos conocimiento, y ya no existía mucha espiritualidad y además había que soportar ataques externos y a gente en Puerto Rico que pensaban que "Miguel estaba al frente" de todo por siempre salir en un horario de programación, al cual, para las grabaciones, tenía que hacerlas en un horario que no fuera laboral, sin contar la otra parte de tiempo libre que debía de invertir para organizar bien los temas, y por algo que no le pagaban, solo era algo que hacía y que le cedían el espacio televisivo.

Le atacaban mucho por practicar deporte, aunque su abuelo fue un muy reconocido fisicoculturista que todavía entrenaba cuando podía en su sótano, acompañado por él u otras personas de allí mismo del canal. Gente evangélica misma, que trabajaban y estaban en puestos claves en el deporte, y que eran de la iglesia de una "Apóstol", se encargaron de cerrarle las puertas, y en las agencias, cuando querían hacer un "part time" de extra, en películas que se estaban grabando en Puerto Rico, una vez que sabían que era "el nieto de Yiye", le cerraban las puertas, sin contar que el vicepresidente lo mandaba a averiguar en sus horas laborales y si se buscaba un part time en algo. Por cualquier cosa, él organizaba a su junta para reunir al joven. Era como si la gente en Puerto Rico y el Ministerio de su abuelo lo querían dominar y obligar a lo que ellos querían o sencillamente por igual, es que era el comienzo de los días también de la persecución creciente en Puerto Rico hacia predicadores.

En el canal, el vicepresidente mandó a instalar cámaras de seguridad en todos los departamentos para monitorear con exactitud TODO lo que los empleados hacían, y hasta en los baños de hombres, había mandado a poner un pequeño "letrero" que decía exactamente así:

ATENCIÓN

A todos los hermanos que hacen uso de este baño.

Favor de sentarse al hacer sus necesidades para evitar que, tanto la tapa como el piso, queden orinados. Recuerde que esto produce microbios y pueden afectar a la próxima persona que ha de usarlos.

RECUERDE BAJAR LA CADENA.

Ya ante todo lo que se vivía, lo menos que Miguel ahora pensaba, era en entusiasmarse por revelaciones espirituales, por más vivas que fueran, o las revelaciones de otros. A ese punto, no sabía qué hacer, de qué servía una revelación, si lo que se estaba viviendo era una pesadilla peor de la que imaginó. Yiye había ido junto a su hija Noemí a una campaña en Guayaquil, Ecuador, y cuando por fin Miguel tuvo la oportunidad de salir fuera del país a un evento con su abuelo, tanto era el desánimo, que decidió no ir y quedarse. Claro, no fue la junta del canal que le había invitado y organizado para que él fuera, sino la hermana Rosa Cardozo-Castillo, amiga de la familia.

En aquella noche, dormido en su habitación, con las luces apagadas, de momento entre abrió los ojos y vio de frente, a una "lagartija" gigante con dos cuernos en la frente y dos alas a sus espaldas. El personaje era trasparente. Se sintió "anestesiado" y no pudo levantarse a reprender y orar porque se sentía sin fuerzas y mareado.

La criatura inmediatamente se dio cuenta que la podían ver y levantó ambos brazos, estableciendo un más fuerte contacto visual, y dejando al descubierto su lengua dividida en dos, como las serpientes. Miguel cerró sus ojos y luchaba contra el cansancio para levantarse, pero era una extraña fuerza que no lo dejaba, sin embargo, a la vez sentía que "esa fuerza" que lo oprimía, no soportaría mucho y se iba a poder levantar.

Abrió nuevamente sus ojos y esta vez vio a otro personaje trasparente que vestía una tenebrosa armadura y tenía su rostro pálido, desecho y podrido, como de cadáver, y que le miraba con odio. Este ser, al saber también que le podían ver, movió su rostro hacia el lado izquierdo para establecer un más profundo contacto visual.

Nuevamente el joven quedó dormido. Sentía que aquel extraño agotamiento le iba dejando y vio de momento un pequeño ángel que tocaba un arpa y bajaba y ascendía. No podía escuchar la melodía, pero sí, estaba tocando el arpa. Luego pudo ver la mitad de un cuerpo cubierto por un talit, con sus manos levantadas hacia el frente orando con paz y mucha seguridad. Se desvaneció para casi de inmediato reaparecer en otra posición de oración, una que hacían mucho los antiguos: Con sus rosto caído en el piso en clamor. Miguel cerró sus ojos y se quedó dormido.

Al abrirlos, ya era de día.

3

Despedidas

Era ya la madrugada. En medio de tanta opresión, problemas y cargas, Miguel descansaba en el futón de la sala, recostado. Unas personas habían venido a orar temprano y parecía haberse "revolcado" algo espiritual de bendición. Sin embargo, aún se sentían pesadas cargas.

De momento Miguel cerró sus ojos y solo podía venir el recuerdo de cuando estaba con su madre Noemí, en el momento cuando ella contó un sueño donde ascendía y traspasaba el techo de un vehículo y levantaba sus manos alabando a Dios mientras seguía ascendiendo. Muy contenta lo comparaba con la profecía del arrebatamiento de la iglesia, y pensaba que era una revelación que Dios le había dado referente a eso. El único detalle es que ella no veía a nadie más a su alrededor ascendiendo, pero podía ser algo simbólico quizás.

El último día que Miguel la vio en vida, recordó despedirse de ella, que iba camino a Venezuela a predicar, luego de llevarla de madrugada al aeropuerto en San Juan para que tomara su vuelo.

Abrió sus ojos, que ya se veían húmedos, y al salir la primera lágrima, vino el recuerdo de aquel año cuando recibió la noticia de la muerte de su mamá en un accidente automovilístico en aquel país. La noche del día de la noticia, era un tormento sin descanso. Si se acostaba o estaba de pie era lo mismo, hasta que se acostó abrazando un retrato de su madre con muchas fuerzas, y que no soltaría en toda la noche.

Todo se había vuelto "blanco" de momento y la vio en un lugar que era como una amplia, brillante y hermosa llanura, muy sonriente y mirando con regocijo hacia el frente, en donde estaba el Señor.

A pesar de todo, no había fuerzas, no había consolación y no había fe. Estaba totalmente quebrantado. Pero mientras la noticia corría por el mundo, comenzaba extrañamente a recibir fuerzas sin ni tan siquiera poder orar. Eran las oraciones de los creyentes y de muchos intercesores.

Un tiempo después soñó con ella. La miró en aquel sueño, viendo una predicación de su abuelo Yiye en la televisión, y que parecía ser un mensaje de los años 70's o quizás los 80's, en donde meditaba y se quedaba pensativa de cosas que al parecer sabía que iban a suceder. Luego comenzó a caminar hacia un vehículo que la esperaba fuera y que estaba estacionado.

En el sueño Miguel parecía haber estado orando. Estaba sobre una sábana, puesta en el piso, arrodillado. Tenía una camisa blanca y una corbata negra y miró a Noemí yéndose. Se esforzaba para hacer que se volteara a verle, tratando de llamarla, pero al parecer, no podían salirle las palabras, y al salir, algo en la atmósfera las enmudecía y comprimía. Hizo el esfuerzo final, y el grito traspasó el obstáculo, viajando en una poderosa onda sonora, la cual se escuchó con fuerza: -¡Nos vemos, Mami!

Levantaba su mano en señal de adiós.

Ella se detuvo e hizo una pausa. Giró la cabeza y le dedicó una hermosa sonrisa. Luego siguió caminando hasta meterse en la parte de atrás de un carro, de donde salieron luego dos varones de apariencia joven, pero de cabellos blancos, vestidos también de blanco y se acercaron a dar instrucciones de un evento futuro.

Antes de haber tenido ese sueño, ahora Miguel recordaba cómo se había dispuesto a sustituir a su madre en un compromiso en el Perú al cual ya no podía ir por causa de su muerte.

Para el funeral de su madre, el Ministerio de Yiye se organizó con la iglesia pentecostal de Camuy, en donde muchas personas fueron. Miguel tuvo una parte y habló que sustituiría a su mamá y exclamó con fe, sosteniendo fuertemente el micrófono, que se convertirían personas al Señor, tal y como con su madre en Venezuela antes de que ella partiera en ese mismo viaje de evangelismo. La gente aplaudió por un largo rato.

La junta no tuvo otra opción que aprobar el pago del pasaje para Perú, pero poniendo presión para que Miguel no fuera con

Rosa Cardozo, quién era la que respaldaba a su madre, y había coordinado la actividad. El vicepresidente y los miembros de la junta, hicieron que un señor de apellido Padilla, del Perú, junto a un grupo de conocidos de él, tomara riendas en el asunto. Rosa como quiera fielmente fue y acompañó a Miguel, pero no podía tener dominio de nada, y el Padilla era quién "administraba" la ofrenda, robándose casi todo hasta el final y disfrutando junto a su esposa de buenas comidas por causa del evento y de lo que se recogía. Venían con un listado de falsos gastos de cosas que otros pastores ya habían cubierto.

Hubo también para cierto tiempo, poco después, una pelea mediática entre pastores y evangélicos y un activista homosexual en Puerto Rico, cuando se comenzaron a aprobar y a promover ciertas leyes. De ciertos llamados "creyentes", a leguas se veía que solo querían protagonismo, y se daban pauta entre ellos y a las mismas personas "conocidas" que realmente solo buscaban promoción para aprovechar la oportunidad. También este "activista", ni aún la misma comunidad homosexual lo quería y trataba de buscar promoción para su persona, acusando de momento un día a Miguel, de enviarle "mensajes de amenaza de muerte" por Facebook, usando con mucho hincapié que era "el nieto de Yiye".

Los medios periodísticos y poco profesionales de Puerto Rico, comenzaron de inmediato a ayudar a diseminar una noticia falsa, siendo manipulados ciega y fácilmente por este individuo sin averiguar y cerciorarse primero. Por supuesto, no faltaron los "justicieros" que por Facebook, le escribieron toda clase de maldiciones a Miguel y a su esposa embarazada, creyendo a un maniático, del cual, hasta los mismos homosexuales se dieron cuenta que eran montajes. Unas abogadas ayudaron a Miguel a desenmascarar a este "activista" alborotoso y calumniador ante los medios, pero no se le dio la misma cobertura de parte de los medios en Puerto Rico, cuando quedó en ridículo con sus montajes a cuando dieron la acusación falsa.

El vicepresidente vio la oportunidad de acabar de una vez con Miguel cuando una noticia falsa, se anunciaba como cierta, pensando esperanzadamente que sería verdad y que lo meterían preso. Usando a un evangelista del pasado en Puerto Rico, que antes había estado con Yiye en campañas, y se llamaba "compañero de milicia de Yiye", hablaron con él para que comentara en sus redes sociales que "ni Yiye ni su Ministerio se hacían responsables por lo que su nieto dijo".

Claro, cuando se supo que todo era montajes, nadie pidió disculpas. Este "evangelista", tenía un cierto coordinador de sus eventos, alguien que reclamaba ser "su sobrino", que realmente era sobrino de la que había sido la primera esposa de aquel evangelista y no era de sangre; además de que estaba casado con otro hombre y con ley de bienes compartidos o gananciales. Y ambos trabajaban en el Ministerio de este señor en el área metro. Este "sobrino", también había comenzado con una manía persecutoria y obsesiva.

Al menos podían venir los recuerdos de hace dos semanas, cuando Miguel llevó a su niño de un mes a su abuelo Yiye para que lo viera, en donde también compartió junto a su abuelita Yeya. Yiye ya no hablaba, había perdido el habla totalmente debido a la condición progresiva que siguió años después de su derrame. Se olvidaba de las personas, no recordaba a casi nadie y ya no estaba en la capacidad de predicar ni de salir en la televisión, solo permanecía en su casa ya.

-¡Mira ve a buscar a tu abuelo en la calle! ¡Dicen que lo

vieron caminando y pasó la calle marginal que da para acá para el Ministerio! ¡Él lo siguió por allí a pie como yendo para Quebradillas!

Se podía recordar al guardia de seguridad en una ocasión llamando a Miguel, quien tuvo que salir caminando apresuradamente, y casi corriendo, fuera del edificio a buscar su carro y poder dar con su abuelo, ya que no había estacionamiento, y no se podía ocupar los lugares asignados a cada nombre de cada miembro de la junta.

La mayoría de las veces, en medio de sol, lluvia o lo que fuera, Miguel tenía que estacionarse afuera y seguir caminando hasta adentro.

Su abuelo siempre lo conoció y nunca se olvidó de él aún en su condición. Al parecer, era difícil que con otra persona del Ministerio, Yiye se montara. En su mente había quedado la costumbre de que en ciertos horarios del día, tenía que salir al canal a orar y salir en sus programas de televisión, entonces muchas veces se escapaba de la casa y se iba a pie sin importar la distancia. Esa vez, igual que otras, le tocó a su nieto "rescatarlo" y llevarlo al Ministerio.

Miguel se sentía solo en medio de tanto bombardeo. Su alma estaba cargada. Era claro: El alma está compuesta por la voluntad, las emociones y la mente, y ahora mismo su mente estaba hecha un desastre ante tanta cosa, las emociones ni hablar, y en su acto de voluntad, solo podía expresar lágrimas ante todo.

De momento, se sintió entumecido y gélido en el futón. Estaba totalmente inmovilizado y eso solo podía indicar que seguramente vendría otra experiencia espiritual.

Sintió de momento una cobertura térmica desde sus pies hasta sus rodillas. Era algo muy caliente que a su vez le revestía allí y lo comenzó a sentir como si fuera un calzado que se estaba formando, unas largas botas. El impacto espiritual se sentía total en toda casa, y de momento, vio una figura conocida que se acercó caminando y traspasó la puerta y se paró de frente a él. Sonriente, humilde y riendo con una mirada de mucho amor y ternura. Un gran evangelista y siervo de Dios.

-Yo me voy- dijo a la vez que señalaba hacia arriba-, pero ahora te toca a ti. Sigue predicando.

Dijo lo mismo otra vez riéndose en más gozo, amor e

inocencia, como de niño. Luego repitió la frase una tercera vez a la vez que se volvía y regresaba, traspasando por la misma puerta de nuevo. También se podía escuchar que la voz decía: -Eres el último.

Miguel estaba aturdido. Cuando finalmente se pudo mover, rápido levantó el teléfono y llamó a su abuela Yeya. Comenzó a contener las emociones y se dispuso a hablar de una forma disimulada y normal después de lo que acababa de presenciar. Dentro de sí solo se aferraba a creer que sus palabras saldrían bien y no diera preocupaciones ni provocara ningún escándalo ni desasosiego.

Y si, en un ligero temblor en la voz, las palabras salieron bien: -Abuelita hola ¿Cómo está todo por allí? ¿Cómo está abuelo?

-Hola Miguelito, él está bien. Está descansando ahora.

Miguel respiró aliviado. Pensaba que lo que había visto revelaba que su abuelo había fallecido.

¡Había sido una visión con él!

Pero aún estaba vivo. Las oraciones de muchos eran para

que Dios sanara a Yiye, le devolviera su fuerza, y pudiera predicar como antes.

Ya había perdido a su madre y había pasado por tantas cosas.

4

La propuesta

Miguel se preparaba de madrugada para un nuevo programa que grabaría próximamente y como de costumbre, en su horario de grabación asignado. Mientras redactaba, venía a su pensamiento su sueño de hace algunos días. Hizo una pausa, pero solamente podía recordar fracciones.

En ese sueño, estaba vestido con un traje y corbata, muy elegante, y entraba a una casa muy humilde, cuyo suelo estaba hecho de tierra y las paredes eran de barro con ramas y pajas entre ramadas. Dentro, había una persona que estaba esperándole, sentado de frente a una mesa de madera y sosteniendo un papiro con algo escrito. Miraba hacia lo que estaba escrito, a la vez que preguntó:- ¿Estás dispuesto a hacerlo?

Era Jesús.

En el sueño, a pesar de estar con un traje que parecía muy caro, Miguel no tenía problemas de la humildad del lugar, es más ni le prestaba atención, había crecido en el campo misionero y era lo último que le pudiera interesar y si acaso.

De pie, frente al Maestro. Miró el papiro y asintió. Estaba dispuesto.

Luego de meditar un poco en aquel sueño, la hora seguía avanzando mientras se esforzaba por terminar de acomodar todo para su próxima grabación, pero se estaba quedando dormido.

Entre un "cabeceo", puedo ver como de momento, a un ser "angelical", rubio, de melena espesa, mirándolo con odio y rencor desde una región celeste a través de una ventana que parecía pertenecer a un planeta artificial. Aquel ser parecía crujir sus dientes y apretarlos fuertemente de la ira.

Había sido impactante notar con tanto detalle todo en un instante tan breve. Miguel cabeceó nuevamente y parecía casi quedar rendido frente a su computadora, pero se puso de pie rápidamente para no quedarse dormido y comenzó a frotar sus ojos en círculo.

Al quitarse las manos de sus ojos, contempló con asombro el estar presente de momento en otro lugar. Se había vuelto todo alrededor, un cielo oscuro lleno de estrellas y él estaba pisando en el mismo cielo de lo que parecía ser un espacio exterior. Se volvió hacia varios lados contemplándolo todo y de momento ahora todo se convirtió en un cielo azul, y se podía pisar sólidamente. Comenzó a oír una voz que trataba de hablarle, pero sabía de quién era, y lo que estaba a punto de suceder, por lo que se tapó los oídos y comenzó a caminar a un paso rápido, casi a punto de correr.

Se detuvo abruptamente al notar que ahora estaba en el pasillo de la casa, y prosiguió caminando. El pasillo se tornó asombrosamente muy largo de momento y no se veía nada, todo estaba en tinieblas.

Al final se podía ver una figura de alguien que irradiaba y emitía luz. Estaba totalmente vestido de blanco, con una guayabera y un sombrero de vaquero, que también brillaba. De momento quedó suspendido en el aire y así mismo fue apresurándose hacia el frente.

Miguel le dio la espalda, y de momento notó que frente a él había ahora un amplio muro y no podía irse.

-Veo que ya no hay salida. Tienes que enfrentar tu destino- le dijo el personaje luego de una carcajada, mientras Miguel permanecía de espaldas.

De momento comenzó a sentir fiebre, pero cerró inmediatamente sus ojos y aspiró fuertemente aire en sus pulmones para después sostenerlo. Abrió sus ojos, los cuales estaban cargados por lo que parecía un brillar de una llama de fuego, que luego se desvaneció en medio de un tipo de energía azul al Miguel expulsar lentamente el aire.

La fiebre se fue.

-¿Sí?- Se volvió hacia el personaje- ¿Y qué puedes saber tú de mi destino?

-¡TODO!- Le respondió a lo que se transformaba ahora en un tipo de ser "angelical" rubio, de cabello largo y con mucho atractivo, con las pupilas de sus ojos llenas de maldad.

De momento aparecieron dos fieras, una a cada lado de él.

Eran un tipo de animal no reconocible por ninguna especie de la tierra, pero en su forma se asemejaban a unas panteras deformes.

-Veo que el poder que tienes lo has descubierto pero… ¿Piensas que será suficiente? ¿Estás contento con cómo te desprecian y te tratan? ¿Acaso eso era lo que Dios tenía para ti? Yo te puedo dar cosas mayores… ¡Dios tiene un problema contigo! ¡Tiene al parecer problemas y celos para darte tu lugar!

De momento comenzaron a brillar y a moverse por la pared, separadamente, varias cabezas de estatuas e ídolos de oro, los cuales recordó inmediatamente haber visto en una campaña en Huamachuco, en Perú, donde Dios le había dado una victoria de más de 400 convertidos; pero ante aquellas manifestaciones después, recordaba que se había tenido que levantar a orar y reprender en medio de un terrible cansancio al final del evento.

Mientras Miguel sentía dentro de sí mismo el poder de la unción, el personaje levantó su mano hacia él y de momento se sintió revestido por un desánimo y comenzó a sentir un terrible dolor en sus dos brazos. Era algo interno, como si su misma alma estuviera allí cortada y lesionada en sus brazos; con una herida profunda y abierta en ambos.

Ahora estaba de momento sentado en una silla, de frente a una cámara de televisión del canal de su abuelo Yiye.

Abrió la palma de su mano derecha, de la cual pudo salir pequeño fuego que se quedaba en ella, moviéndose como un remolino, y ardiendo, sin quemar ni consumir, pero emitiendo un brillo en aquel oscuro lugar, y él ponía su atención allí.

Se escuchó la voz de enemigo en ecos de carcajadas burlonas.

-No eres más que otro camarógrafo, un empleado más, Miguel Sánchez.

El dolor en los brazos parecía intensificarse pero luego se fue calmando.

En una voz en el recuerdo, se escuchaba a su mamá cuando lo llamó por teléfono desde Venezuela, cuando estaba en un viaje misionero: -Papito lindo, tengo a hermanas intercesoras que me están describiendo algo de lo que estás pasando… ¿Qué sientes en tus brazos? Vamos a comenzar a orar para que eso se vaya… ¿Qué es lo que sientes?

En aquel momento Miguel se había sorprendido, pero ahora

en medio del recuerdo, sentado frente a una cámara, solo describió exactamente lo que pasaba, mientras seguía contemplando la llama de fuego en la palma de su mano derecha.

-¡No eres como tu abuelo! ¡Miguel Sánchez! ¡No eres como Yiye!– Se escuchó de momento una voz desafiante, dura y severa frente él, que expresaba un rencor y un odio religioso profundo.

Miguel levantó su mirada y había alguien, vestido con un traje negro y corbata, con una Biblia debajo de su brazo, y a sus espaldas, mucha gente que había sido quemada en hogueras, mayormente mujeres, más había otras que estaban vivas y le acompañaban al hombre, pero estaban en cadenas. Vestían unas prendas negras, tristes, y estaban despeinadas, maltratadas, ultrajadas y parecían haber salido de un incendio.

El piso se tornó lleno de huesos humanos y de calaveras.

Miguel escuchó la voz de su abuelo Yiye en un recuerdo:

- Miguelito, dime a los sitios que saldrás a predicar, para orar por ti. Dios te quiere usar en grande.

Inmediatamente, el religioso frente a él abrió su Biblia y leyó: -"Todos pecaron y están destituidos de la gloria de Dios" (Romanos 3:23) ¡Nieto de Yiye! ¡Dios no tiene nietos! ¡No habrá otro como él!

Cerró la Biblia con mucha furia mientras comenzó a señalarle con la mano. La Biblia de momento se transformó en un látigo, con mango corto, que tenía varias cadenas finas de hierro y en sus puntas, tenían trozos de metal y hueso; y comenzó a herir con él a las mujeres que estaban alrededor.

Miguel cerró su mano de golpe. La llama desapareció y se levantó de la silla, con sus ojos brillando en fuego. La cámara de televisión se cayó y se hizo pedazos en el piso.

-¡Así es! – Gritó con seguridad y autoridad- ¡Dios no tiene nietos! ¡Tiene hijos! ¡Y mi abuelo no era Dios! Por lo tanto, soy nieto de Yiye e hijo de Dios....Unido a ambos… ¡Por la misma sangre! Mi nombre completo es Miguel Sánchez Ávila. Esa es mi identidad. Te faltó decir que "la paga del pecado es muerte, más la dádiva de Dios es vida eterna en Cristo Jesús Señor nuestro" Romanos 6:23.

Y "con Cristo estoy juntamente crucificado, y ya no vivo

yo, mas vive Cristo en mí; y lo que ahora vivo en la carne, lo vivo en la fe del Hijo de Dios, el cual me amó y se entregó a sí mismo por mí" (Gálatas 2:20)

El personaje religioso soltó el látigo y comenzó a taparse los oídos mientras Miguel se aproximó y le dijo: - No se trata del hombre sino de Dios. Dices que nadie será como Yiye pero... ¿Qué haces tú y quién eres tú?

-¡¿Quién soy yo y que hago yo?! – Respondió muy molesto. Esta vez su voz había cambiado y sonaba tenebrosa. También su rostro estaba ahora marcado por venas entre salidas, sus ojos eran negros aceitosos y con largos colmillos. Parecía un poseído.

El entorno se disolvió y reapareció una escena en el pasado, donde Esteban, diácono de la primera iglesia en Jerusalén, estaba siendo apedreado luego de haber sido acusado de blasfemia. Se disolvió de nuevo el entorno y se veía otra escena en el pasado: A los fariseos burlándose de Jesús mientras estaba crucificado.

Las disolvencias de unas escenas a otras eran abruptas, y muy vívidas. La final fue la más antigua: Caín, asesinando a su hermano Abel.

Al desaparecer la escena final, el demonio gritó: -¡Soy viejo como el mundo y he hecho mucho más!

Acto seguido, se apareció un micrófono en su mano y comenzó a predicar con una molestosa y ensordecedora gritería, haciendo todo tipo de payasadas, mientras se comenzaba a aparecer una multitud que estaba siendo engañada y decían que aquello era de Dios.

De momento, la multitud desapareció y el demonio comenzó a revolcarse y a ser atormentado. Se sostenía la cabeza y rodaba de un lado a otro en el suelo a lo que la escena cambió.

Miguel estaba ahora en un viaje al pasado en donde su abuelo en medio de una campaña, apilaba los televisores de cristianos que, voluntariamente los traían para que los rompiera con un bate.

-¡Ese es el cajón del diablo! –Gritaba, a lo que rompía las pantallas y el suelo era salpicado con restos de ellas.

Inmediatamente la escena se desapareció de nuevo y ahora estaba Yiye predicando por televisión.

-Los hombres se equivocan- decía-, perdone las ofensas, perdone al prójimo y no guarde rencor. El hombre comete errores, todos los cometemos, pero Dios es perfecto, y lo importante es hacer Su voluntad y no dejar que nuestro ego y nuestras opiniones nos desenfoquen del camino. La mente es una: La de Cristo.

Ahora Miguel estaba en medio de un valle solitario y desértico, y quién estaba frente a él de nuevo, era el enemigo de las almas.

-Dios no te valora- dijo- ¿Cuánto más vas a esperar? ¿Vendrá lo tuyo y al otro día será el rapto?

Acto seguido comenzó a carcajear.

-Si hay algo que tengo claro satanás, es que no quiero NADA de ti.

Lucifer cambió su semblante a uno serio y severo.

Inmediatamente, Miguel levantó su mano y le señaló.

-Escrito está: ¡Sobre el áspid pisarás! ¡Hoyarás al cachorro del león y al dragón! ¡Las puertas del Hades NO prevalecerán!

Toda rodilla, de los que están en el cielo en la tierra y

debajo de la tierra reconocerá que Jesús es el Señor para gloria de Dios Padre… Esa es la Palabra de Dios, viva y eficaz y más cortante que toda espada de dos filos, que penetra hasta partir el alma y el espíritu, las coyunturas y los tuétanos, y discierne todas las intenciones y pensamientos del corazón… ¡El mismo VERBO de Dios que es la PALABRA! ¡Calla! ¡Enmudece!

El enemigo se comenzó a desvanecer a lo que su voz se escuchó amenazante: -Tú eres el que decides, pero esto no se queda aquí niño.

Al desvanecerse por completo, en medio del valle, se podía escuchar a lo lejos como si un ejército se aproximara. Se escuchaba una pesada marcha y carros de a caballo a la vez que el clima se tornaba gris y nublado. El cielo se comenzaba a cubrir de nubes de gran altura y el oleaje marino comenzaba de momento a oscurecerse por las olas que el viento comenzaba a arrastrar y pequeñas capas blancas comenzaban a aparecer en la superficie del océano. Rápidamente comenzaron a observarse pequeños lapsos de nubes bajas y el viento comenzó a soplar con más fuerzas, impulsando olas cubiertas de una capa blanca y espuma, que comenzaba a notarse sobre la superficie.

Una voz de alerta se escuchó de momento, advirtiendo: "Una gran tormenta se aproxima".

Fue allí cuando Miguel despertó.

Se había quedado dormido frente a la computadora.

5

Tres días

Encerrado en uno de los cuartos de ayuno del tercer piso del Ministerio de Yiye, Miguel trataba de orar.

Su abuelo ya llevaba un cierto tiempo de haber partido con el Señor. Ahora el presidente oficial y dueño del canal y del Ministerio, era quien una vez fuera el vicepresidente. Había salido todo de acuerdo a su plan.

Tuvo que pedirle permiso para hacer un ayuno y no hubo problemas. Se había encerrado con unas botellas de agua, su Biblia y una pequeña maleta con alguna ropa. Debía de buscar dirección. Quería renunciar de una vez e irse. No demostraba a nadie su molestia por el hecho de que cuando su abuelo agonizaba nadie lo llamó; que lo habían dejado hacer cámaras como cualquier otro día normal y que, haciendo cámaras, fue cuando se enteró que su abuelo había fallecido, en el programa del culto de los viernes, en donde, el ahora "presidente", acompañado por su junta había hecho el anuncio.

Cuando Miguel trataba de hablar con alguien la situación que se vivía en el Ministerio, mucho antes de todo ese número de acontecimientos, nadie le creía y hasta pensaban que eran inventos. La gente idolatraba ese lugar. Otros sencillamente buscaban puntos a favor con los que estaban al "poder" y eran excelentes "lamiendo zapatos".

Lo mejor era callar y presentar todo en oración pero ya era demasiado. Por haberse quedado en ese lugar le querían controlar, y por un salario que no era ni la gran cosa. Claro; a diferencia del salario del ahora nuevo dueño.

Yeya había sido parte de la junta, pero ante tantas persecuciones, y sin soportar ya más la presión, había renunciado por voluntad propia hace algunos años. Uno de los hijos de Ilia, que había trabajado antes también allí, desde muy joven, muy molesto, los confrontó y ellos quedaron como "los buenos", invitándolo a no ser "agresivo" y a "orar". Los hijos de Ilia fueron terminados de criar por Yeya, luego de que su madre partiera con el Señor en la Florida, Estados Unidos. Ella era como su madre.

Cuando Yiye se había dispuesto a comer, este mismo hijo de Ilia, molesto por lo que Yeya estaba pasando, jaló el mantel de la mesa y tiró toda la comida de Yiye al suelo, quebrándose los platos y vasos en el piso.

-¡Así permites que traten y hagan con tu familia!- Gritaba.

Ya habían pasado años y ahora Yiye había partido, y como Miguel era quién salía por televisión, la gente en Puerto Rico y otros países de habla hispana, acusaban que él se había "quedado con todo".

Para aquellos días comenzó a darse a conocer por internet un Pastor chileno, establecido en Ecuador, que se la pasaba peleando y acusando a todo el mundo por sus videos de Facebook y YouTube. Peleaba también con los católicos, rompiendo las imágenes y acusando a las mujeres como vestían cuando predicaba en plazas públicas, haciendo shows y grabando videos para buscar fama y auto proclamarse como de "sana doctrina". Junto a otro Pastor líder, que estaba envuelto en muchos escándalos sexuales, idearon invitar a Yeya para que predicara en Chile y le preguntaban mucho del canal. La idea era tener peso suficiente para luego acusar de que "Miguel era quien había botado a su abuela del canal y que ahora él estaba al frente", pues a ellos no les convenían los programas de televisión que salían, donde se hablaba la Biblia en su contexto, y ya había miembros, parte de su concilio, que por esa causa los estaban cuestionando y hasta desertaban.

En medio de la debilidad, Miguel se arrepentía y decía: -No debí de haber escogido este camino de predicación.

Era apenas el primer día de ayuno y la debilidad no era física por no comer, era por todo lo que pasaba. Sentía un peso enorme y se acostó.

Abrió sus ojos después, dándose cuenta de que se había quedado dormido. Había visto en un sueño, a una criatura gigantesca y deforme, del mismo tamaño del edificio de tres pisos y con un garrote enorme en su mano; caminando por el Ministerio, en el estacionamiento, de un lado a otro, haciendo guardia.

Ahora, con sus ojos abiertos, produjo una expresión de asombro al ver que en el cuarto de ayuno, él estaba ahora rodeado de muchas siluetas y sombras muy negras que levantaron sus manos y parecieron emitir un poder, que lo dejaron rígido en la cama, mientras luchaba por hablar y moverse.

Difícilmente comenzaba a pronunciar la primera palabra, a lo que cada sombra, una después de la otra, ordenaban silencio: -¡Shhhh!

Una detrás de la otra y después al unísono. Cuando Miguel pudo hablar y se levantó de la cama para comenzar a orar y reprender, ya de momento todas las sombras y siluetas habían desaparecido. Sentía que le habían golpeado o como que un pesado camión le hubiera pasado por encima.

Salió fuera del cuarto de ayuno, y se arrodilló a orar frente a las cámaras de televisión, en donde su abuelo dio por tantos años las campañas de los sábados y algunas otras veces el culto de los viernes, en el cual Miguel comenzaría su rumbo de predicaciones hace ya algunos años atrás.

Era difícil pronunciar las palabras, pero claramente se pedía e imploraba por dirección.

Solo podía escuchar de momento la misma voz que había recordado escuchar en un sueño, diciendo esa misma frase:

"Una gran tormenta se aproxima".

Se había preparado para comenzar un ayuno sin saber cuándo terminaría. No quiso regar la voz ni anunciar nada por redes sociales ni externamente a nadie. No quería que comenzaran a comparar con Yiye y a aparecer gente a inventar los días que debía de completar ayunando, o lo que fuera que la gente comenzara a opinar. Era solo entre él y Dios.

Al final del tercer día, entendió que ya debía de terminar.

En tres días y tres noches, Jesús había resucitado luego de haber sido crucificado.

Tres días y tres noches de ayuno terminarían, para lo que próximamente sería un nuevo comienzo y una resurrección prefigurativa, de una continua muerte al "yo" por medio de "tormentas".

Bañándose en su casa, de momento, comenzó de nuevo a ver aquella visión: Un estadio lleno de personas que escuchaban su predicación, después de duros momentos que se vivían en el mundo.

Miguel cerró el agua, abrió los ojos, y giró su cabeza molesto.

Yiye había muerto. Él estaba detrás de una cámara y estancado. La respuesta había sido quedarse allí y ya no quería recibir visiones. Estaba cansado del entorno y su madre y su abuelo ya habían partido con el Señor. Eran ya muchos años para un desenlace tan triste y no esperado… ¿Para qué una visión? Mejor serían hechos, no visiones. Cada rato era un drama con la gente de la junta o que trabajaban allí, especialmente con la esposa del ahora presidente.

Miguel trataba de hacer lo mejor, de emitir una paz genuina y dejar que Dios hiciera, pero cada vez se hacía todo más difícil. Los corazones no cambiaban, pero mientras la gente dejaba de apoyar, trataron de buscar ellos mismos que él ayudara a dar más los programas, más predicaciones de los sábados y etcétera, luego de haber tratado con evangelistas externos que decidían no seguir con ellos y que hasta dejaban deudas de transmisiones televisivas en el canal, que nunca pagaron.

Recordaba cómo le molestaba antes al ahora presidente, que él saliera con su abuelo en un horario más televisado, por lo cual, hacía lo indecible para impedir que salieran juntos cuando estuvo en vida.

Poco después de Yiye morir, el ahora presidente había organizado su slogan que decía: "Siguiendo el legado", en donde ponía a todos los demás evangelistas del ministerio, y les mandaba a hacer cortes televisivos, dejando fuera al nieto de Yiye. Era curioso por esa razón, la manía de la gente de decir que "Miguel se quedaba ahora con el canal", ya que él no salía en ningún lado, solamente en su espacio, que todavía sobrevivía, luego de batallar con dos suspensiones por parte del ahora presidente.

Realmente, en cuanto a predicadores internos de allí, no era soportable escuchar mensajes de gente no preparada que lo suyo era más lo misionero en otros países, pero en campañas al aire libre, y más en los campos. La televisión, y menos las campañas de los sábados, era realmente algo no apto para ellos y por causa de esto, la gente ya no iba y se iba vaciando todo, cuando todo había comenzado bien, a pesar de la muerte del fundador.

Estos predicadores no se preparaban como lo tenían que hacer, ni ponían el celo ni tenían la capacitación de Yiye y lo que él antes daba en sus mensajes cuando estaba en vida. No había la gracia, el carisma y la unción.

La parte en la que Miguel salía desde atrás con su abuelo en una grabación de su última celebración final en el 50 aniversario, fue editada y él sacado completamente.

Todas esas cosas, incluido que ni siquiera lo llamaron cuando estaba muriendo su abuelo, rodeaban su cabeza una y otra vez, y mientras Dios diera la tolerancia, se resistiría, pero había límites. Era demasiado abuso por años y ahora lo querían de una especie de "plato de sobra", sin contar la "campaña externa" que había en contra suya de chismes por internet, por parte de personas muy religiosas, que decían que "el que se había quedado con el canal era él, y que él tenía el canal de su abuelo quebrado".

No era tonto, hacía la paz, pero siempre buscaba la forma de no dar a cada rato los programas y campañas en el canal cada vez que se lo pedían. Ahora si lo querían. Y muchas veces era difícil evadir el salir por tv con gente de allí que ponían a hablar y decían inventos y disparates. No convenía, y ya comenzaba a planear irse no solo de allí, sino de Puerto Rico.

Fue una noche donde soñó, que muchas banderas de Puerto Rico estaban bajas frente a él, en señal de no estar avalado ni apoyado por nadie, y de momento, ante la bandera de los Estados Unidos, todas las banderas se levantaron en respaldo.

Podía escuchar de nuevo la voz: "Una gran tormenta se aproxima".

6

María

Miguel iba subiendo las escaleras del Ministerio para la segunda reunión que se iba a dar y llevaba escondida una carta. Era una reunión general para todos los empleados. Un huracán de categoría 5 de nombre María, había hecho una terrible devastación en el país. La antena gigantesca que estaba en el Monte Roncador, que Yiye Ávila una vez había edificado, se había derrumbado. No se sabía cuándo llegaba o no la gasolina en las estaciones y las filas eran interminables de gente que pasaban el día entero haciendo una fila sin ni siquiera saber que ese día pasaría el camión con combustible o no. En medio de postes de luz caídos, casas destruidas y más etcéteras, las filas en los bancos para sacar dinero eran también interminables y por casi un mes en algunos lugares se fue el agua, otros, todavía estaban sin servicio de agua ni luz y otros con agua pero sin luz.

Mucha gente pasó hambre mientras algunos alcaldes de los pueblos se escapaban de Puerto Rico escondidos con su familia antes del paso del huracán, para regresar 3 semanas después y enviar chocolates entre alguna comida enlatada, que ni tenía que ver con el mismo municipio, sino que era parte de la ayuda que venía de Estados Unidos.

El agua y el alimento que muchos mandaron de ayuda, un número de alcaldes, lo escondían y no lo mandaban a las personas. Había una terrible opresión en el ambiente, y la corrupción política, en contraste con la devastación, hacía ver a Puerto Rico como "tierra de nadie" y un pequeño infierno de desolación no solo visual, sino en los corazones de la gente.

Mientras Miguel escuchaba el discurso en la reunión en el tercer piso del ahora presidente del canal, no salía de su cabeza el día que fue desesperadamente a buscar agua al ministerio de su abuelo, y la jefa de personal, que era parte de la junta de directores, junto a su esposo, le habían negado el agua porque "había que pedirle permiso primero al presidente del canal".

Miguel junto a su esposa y su niño de 4 años, que iban junto a él en el carro, casi llorando, y de regreso, no sabía qué hacer, además de que no podía seguir yendo más lejos a la casa de su abuela Yeya a buscar agua porque gastaría toda la gasolina y no se sabría cuando vendría de nuevo un camión con combustible a una estación que quedara cerca.

Fue cuando milagrosamente, y exacto en el camino a su casa, una excavadora o "digger", que movía hacia el lado los escombros y los árboles que habían caído por el huracán, rompió "accidentalmente" una terminal de agua. Pudo llenar unos cuantos envases y baldes con mucho alivio. Acueductos y alcantarillados, pasó luego y soldó una llave para que la gente tomara del agua y el agua no se perdiera y de allí se pudo abastecer las tres semanas que estuvo sin agua, en medio del calor. La luz volvería a la normalidad supuestamente en mayo del próximo año, siendo todavía septiembre.

De momento, el ahora presidente del canal anunciaba que los empleados cobrarían la mitad del sueldo de ahora en adelante y por tiempo indefinido.

Y bueno, ya era momento de hacerlo. Miguel dejó su carta de renuncia al supervisor, luego con copia al gerente del canal y otra copia al presidente.

No se las dio en persona porque no los quería ni ver. Era ya el momento de dejar ese lugar y de dejar Puerto Rico.

Dios abrió puertas para que todo cayera en orden para poder planear su ida y todo cayó asombrosamente en su lugar.

Ciertamente, sería un nuevo comienzo.

7

La visita

La hora había llegado, y una imparable cadena de acontecimientos que comenzarían, terminarían en el asesinato de Jesús, quién acababa prácticamente de revelar acontecimientos proféticos importantes en el Monte de los Olivos a sus discípulos, y sus pensamientos no estaban alejados de lo que tenía que ver con su muerte. Él sabía que su hora había llegado y que el plan de redención a la humanidad se consumaría. Sabía que en aquel momento estaban conspirando contra él para su ejecución.

Unos pocos días antes, Jesús había comenzado su visita, en su entrada triunfal al Jerusalén, cabalgando victorioso en la ciudad mientras las multitudes salieron a darle la bienvenida, tendiendo sus mantos delante de Él, al igual que ramas de palmeras. Se llevó a cabo el cumplimiento exacto del profeta Zacarías.

"Alégrate mucho, hija de Sion; da voces de júbilo, hija de Jerusalén; he aquí tu rey vendrá a ti, justo y salvador, humilde, y cabalgando sobre un asno, sobre un pollino hijo de asna" (Zacarías 9:9)

A pesar de que gritaban "hosanna" desde ambos lados de las calles, y se veía una imparable "ola" del apoyo popular, Jesús conocía el corazón de todos y sabía que la opinión pública es muy variable. La justicia nunca iba a triunfar por medio de la opinión pública; y estas multitudes eran simplemente atraídas por los milagros de Jesús pero no estaban listas para reconocer sus pecados y entregarse a Él. Los mismos que estaban gritando "hosanna", serían los mismos que días después gritarían "crucifícale".

Los dirigentes judíos vieron esta popularidad como una

gran amenaza y su complot contra Jesús para su asesinato, tendría éxito, pero por estar en consonancia con el plan de Dios, o de otra forma, nunca iba a suceder. No había otra forma de salvar a la humanidad.

Nunca se pudo matar a Jesús antes, porque no había sido el tiempo: Luego de su nacimiento trataron de matarlo, en una de sus primeras intervenciones públicas leyendo el rollo de Isaías en una sinagoga en Nazaret, lo llevaron hasta un despeñadero, por sanar el sábado, y por decir que Dios era su Padre, también quisieron darle muerte. La guardia del templo que había sido designada en un momento para arrestar a Jesús, se había sentido muy acobardada en aquel entonces frente a él, respondiendo ellos, como oficiales del Templo, que "ningún otro hombre JAMÁS había hablado como aquel".

Pero ya la hora sí se acercaba.

El protagonista principal: Caifás, el sumo sacerdote del año, era un religioso oportunista que estaba políticamente motivado. Bíblicamente, el sumo sacerdote tenía que proceder del linaje levítico, pero debido al dominio romano, los sumos sacerdotes eran aprobados y nombrados por Roma. El cargo era frecuentemente adquirido por dinero o por medio de un favor político. Caifás era casado con la hija de un ex sumo sacerdote de nombre Anás, quien por medio de su yerno ejercía aún un papel importante. Caifás había logrado un insólito favor de Roma, por lo tanto era corrupto. La historia más tarde, revelaría que ocuparía su posición por más de dos décadas, un tiempo excesivamente largo. Era bajo su autoridad que los cambistas llevaban a cabo negocios en el área del templo, lo que lo hacía muy rico.

Los mismos cambistas que Jesús expulsó, algo que obviamente acrecentaría su odio hacia el Maestro.

Como saduceo, Caifás era parte de una secta aristócrata que controlaba el templo. Una secta materialista que negaba la resurrección de los muertos, negaba sobre el cielo, los ángeles, y todos los elementos espirituales de las escrituras e interpretaban todo literalmente en la ley de Moisés pero el resto de las Escrituras las descartaban. Los fariseos y saduceos con frecuencia se unían para desacreditar a Jesús, siendo siempre avergonzados por él, y una vez más, se habían unido para matarlo.

Caifás y el Sanedrín judío, querían matar a Jesús para salvar la nación de una amenaza de destrucción violenta a manos de Roma.

Un día antes de su entrada triunfal a Jerusalén, cuando Jesús estuvo en Betania Y Betfagé, al lado oriental de las afueras de Jerusalén, fue invitado a cenar en el hogar de uno de nombre Simón, que había sido sanado de lepra. Fue algo arreglado en gratitud al Señor por lo que había hecho.

Fue allí donde María ungió a Cristo con un perfume caro: Su cabeza, sus pies, y enjugó sus pies con sus cabellos. El costo del perfume era el del salario anual de un jornalero. Lo que María hizo, recordaba a la prostituta perdona en Galilea, en la casa de un fariseo, y que había sucedido en un tiempo temprano del comienzo del ministerio de Jesús. Ella sabía de este evento previo y quiso hacer lo mismo pero con un perfume más caro, tocada por un profundo sentimiento de adoración. El perfume también estaba en un vaso muy costoso, que fue también quebrado, haciendo así mismo su sacrificio mucho más generoso.

La indignación de los discípulos fue clara, y razonaban que

supuestamente el alabastro se pudo haber vendido y dado a los pobres el dinero de la venta; pero el propagador de este sentimiento fue Judas, que era el tesorero del grupo y que recibía las ofrendas para el ministerio de Jesús.

"Pero dijo esto, no porque se cuidara de los pobres, sino porque era ladrón, y teniendo la bolsa, sustraía de lo que se echaba en ella" (Juan 12:6)

Esa posición de Judas era de confianza, y el que los demás fueran influenciados por su opinión, daba a entender el respeto que le tenían. Por eso nunca nadie sospechó que él sería el traidor. Solo Cristo lo sabía. Nadie nunca apuntó inmediatamente a Judas cuando Jesús dijo que sería traicionado, por el contrario, los discípulos hasta dudaron de sí mismos preguntando cada uno si serían ellos, cuando llegó el momento.

Con el perfume que fue derramado sobre Él, Cristo aclaró que en ese momento había una necesidad mayor que la pobreza para ser suplida, y es que él estaba a punto de morir. Estaba siendo ungido para su sepultura.

Judas no expresó su desagrado del acto de María en presencia de Jesús, sino que se reunieron los discípulos y discutieron todo entre ellos para llevar la reprimenda, pero obviamente, nada se podía ocultar de Jesús, pues lo que querían era esconder todo de Él, como una junta directiva, liderada por alguien, para que el líder no se diera cuenta. María solo pretendía que su gesto fuera de adoración profunda, en la misma muestra en esencia del amor del Padre por el Hijo; una mujer que había sido meramente tocada por el poder mismo de Dios y su sentir. Cristo ordenó que la dejaran y dio un acto de reprensión, lo que sellaría lo que seguramente era una continua desilusión en la mente de Judas, que al igual que otros esperaba que un Mesías libertara a Israel de Roma y estableciera su reino, del cual sin dudas, él sería parte.

Jesús hablaba cada vez más de su rechazo y de su muerte próxima, pero Judas solo estaba motivado por la codicia y la sed de poder, y al ser testigo de cómo un perfume y un alabastro tan caro, se esfumaron en un gesto de adoración, se sintió resentido al ver como se evaporó algo que pudo haber usado para sacar alguna ganancia deshonesta para él.

Ese fue el acto final, que le movió a impulsarse a traicionar a Jesús y sus planes se fusionaron perfectamente con los de los fariseos y saduceos; vendiendo al Maestro por el precio de un esclavo, que eran 30 piezas de plata (Éxodo 21:32)

La primera y básica lección del asesinato de Jesús, es que Dios tiene el control soberano de todas las cosas SIEMPRE. Por más inicuo que se vea un plan, diabólicamente orquestado, y por más "aparente" perfección de supuesto "éxito" que un siniestro plan puede supuestamente tener.

……..

Miguel estaba nuevamente trasportado a aquel valle.

Comenzaron a observarse pequeños lapsos de nubes bajas y el viento comenzó a soplar con más fuerzas, impulsando olas cubiertas de una capa blanca y espuma, que comenzaba a notarse sobre la superficie.

Una voz de alerta se escuchó de momento: ¡Una gran tormenta se aproxima!

Se escuchaba a un gran ejército marchar y hacer temblar la tierra mientras se acercaban, cada vez con una marcha en una frecuencia más acelerada hasta que estuvieron frente al joven a una distancia considerable, bien formados. Comenzaron a rodear, con el propósito de hacer una maniobra de ataque envolvente, cortando vías de retirada.

El líder del ataque, se aproximó, cabalgando en una criatura que parecía ser un tipo de toro, de ojos rojos, pero que se veía más fuerte y era a la vez de las mismas dimensiones de un caballo y con varios cuernos en la cabeza.

Se detuvo a una corta distancia mientras el extraño animal parecía rebuznar y a la vez bramar como toro.

Tenía una lanza en su mano y la levantó, señalando al joven, que solo permanecía de pie frente a él sin ninguna armadura, ni arma, ni ejército.

Detrás, habían quedado más generales que comandaban el ejército por grupos, y también estaba el mismo enemigo al lado de ellos en sus corceles.

-¡Tú! ¡Niño! El momento ya ha llegado y esto es lo final. Prepárate, estás rodeado y sin salida.

El personaje, muy fuertemente acorazado, de rostro putrefacto, como de cadáver, se puso inmediatamente su casco y dio la espalda en rápida retirada para comenzar a dirigir el ataque.

Miguel ya lo sabía. Era la batalla final. El fin de todo, y de alguna forma había sabido antes que ese momento llegaría, y era precisamente ahora. Solo sabía lo que tenía que hacer y pronunció las palabras:

"Señor, Tú me has traído y llevado hasta aquí, has conmigo como Tú quieras".

El cielo tronó de momento con muchas fuerzas y se formó una nube de mucho brillo de la cual salió un brazo enorme y brillante, y rodeado por una fuerte energía que alumbró con un fuerte e imponente resplandor de gloria y la mano lo señaló; levantando ligeramente el dedo índice. El joven le levantó su mano en fe, hacia el dedo índice, e inmediatamente fue revestido por una fuerza poderosa, emitida desde la mano. Estaba ahora cubierto por un armadura de oro y con una espada desenvainada. Ajustó su yelmo y sostuvo con fuerzas su escudo.

Desesperadamente, Lucifer gritó al Comandante: -¡Da la orden ya! ¡Ataca!

El ejército de demonios, en medio de gritos, comenzó a correr hacia él desde todos los flancos con el deseo de despedazar.

Mientras Miguel permanecía inmóvil, solo esperaba la orden de la voz.

En poco tiempo, ya el ejército estaba demasiado cerca.

-¡Ahora!

Escuchó la voz que le ordenó y sonrió, sus ojos comenzaron a llenarse de un resplandor refulgente de fuego. Unió su espada a su escudo, y ambas se fusionaron hacia la armadura que cubría sus brazos, haciéndola más fuerte y revistiéndola de una energía muy fuerte. En ese momento salió "disparado" hacia el cielo hasta alcanzar rápidamente cierta altura, para luego impulsarse de regreso hacia el mismo lugar de despegue, donde había estado rodeado, a punto de ser masacrado por el ejército enemigo.

Volaba ahora con fuerzas, con sus dos brazos extendidos hacia el frente y con sus puños cerrados, y manteniendo el mismo curso de vuelo, con el propósito de impactar el suelo, comenzó a girar como un remolino y un fuego de mucho resplandor le revistió por completo. Casi de inmediato impactó, en medio de todo el ejército, que ya había llegado a donde antes estaba.

La fuerte explosión produjo un destello luminoso que causó ceguera en todos los generales del ejército maligno de alto rango, y en el mismo Lucifer, que exclamó de dolor ante el impacto. La onda choque produjo un calor intenso y una elevada y destructiva presión, que despedazó a los corceles hizo volar a todos los demonios por el aire y derribó a los generales, picando en pedazos a casi todos. Era una devastación sin misericordia del ejército infernal.

Lucifer estaba airado al ver a todo su ejército derrotado y a su enemigo de pie frente a él a la distancia. Lo veía también cansado, jadeante y tambaleándose un poco al caminar. Había dado un fuerte golpe pero el ataque también le había dejado sin fuerzas y su enemigo no podía permitir que se recuperara.

Levantó su mano dando una señal y sonrió perverso, a lo que otro gran ejército organizado se comenzó a aproximar a paso ligero a la batalla.

Las piernas temblaban, tenía mareo, mucho cansancio y fatiga, pero el joven se acomodó en posición de ataque. Su espada se sentía más pesada y difícilmente podía con su escudo. Se puso en posición de ataque y exclamó con lo que le quedaba de fuerzas: -¡Hasta el final!

En ese momento sintió una mano suave en su hombro y se volvió. Miró la mano, y se podía apreciar una herida de crucifixión. Era Jesús.

-No estás solo- dijo, señalando hacia el cielo, donde otro gran ejército venía a pelear contra las huestes malignas.

Era un gran número de ángeles guerreros, bien acorazados y armados con espadas, lanzas y garrotes, que venían volando a asistir en la lucha. Se veían muy fuertes e iban comandados por uno principal que daba la orden de despliegue; y se comenzaron a dividir en grupos con mucha estrategia. Las espadas, lanzas y garrotes, se comenzaban a revestir de un muy potente fuego, preparándose para ser usadas contra los enemigos.

Inmediatamente se escuchó por tierra, el sonido de una trompeta militar, hecha del cuerno de un carnero y muy parecida al shofar, seguida del bramido de creyentes que venían corriendo ferozmente hacia la batalla y muy preparados con sus armaduras y decididos a vencer.

-Ya despertaron-, exclamó Jesús. Sus ojos brillaron hacia el suelo, y la tierra se comenzó a abrir. Los demonios que estaban en los primeros escuadrones, para dar frente al combate, caían absorbidos por las grietas mientras se aproximaban. Muchos de ellos ni tan siquiera iban a poder ni luchar contra los creyentes y los ángeles. Caían desenfrenadamente en su fracaso. La derrota del ejército del maligno, era segura.

Lucifer se volvió asustado, dispuesto a abandonar el duelo, y de momento se detuvo en seco. Miguel estaba frente a él a corta distancia.

Miró confundido hacia atrás… ¿Cómo había llegado allí? La respuesta ya después era clara. Jesús estaba a sus espaldas.

-¿Tú eres el que comienzas las batallas para luego huir? No hay hacia dónde ir. No hay salida. Tienes ahora que enfrentar tu destino-, le dijo el joven con mucha autoridad y seguridad mientras sus ojos resplandecían en una viva y potente llama de fuego, al igual que sus manos, con las cuales sostenía con muchas fuerzas su filosa espada, también cubierta por fuego en su doble filo, y su escudo, donde estaba muy resaltantemente grabada una cruz.

-¡¿Mi destino?! -, le gritó Lucifer con mucha cólera, a lo que su voz se tornaba más maligna y sus ojos azules se revestían por un rojo refulgente y perverso que comenzaba a llamear- ¡¿Qué puedes saber tú de mi destino?!

Miguel sonrió y respondió: -¡TODO!

Inmediatamente, el diablo recibió el primer golpe con el escudo, a lo largo de una línea vertical en el mentón. Mientras iba impulsado hacia arriba por el primer golpe, su rival giró en una vuelta siguiéndolo, y sin moverse de posición, para luego, también a lo largo de una línea vertical, herir su plexo solar. Esta vez con su llameante y poderosa ESPADA DE DOBLE FILO.

Cayendo al suelo derribado, Lucifer comenzó a sostener su cabeza y a recibir tormento, viendo de momento una visión de su destino: Un lago ardiendo con fuego y azufre. Al tener la guardia baja, recibió un fuerte golpe con el escudo, que hizo mirar a todos en la batalla hacia el lugar. El ensordecedor y sólido impacto dejó al descubierto sus pies, los cuales siempre había estado ocultando, quemados por piedras de fuego, donde una vez se paseaba y después no pudo, al ser expulsado del cielo. El golpe lo seguía impulsando a una distancia muy lejos, traspasando una montaña entera, para luego estrellarse en el suelo violenta y estrepitosamente, sintiendo todo el peso del dolor. Cuando apenas se comenzó a reincorporar, la montaña se le derrumbó encima, aplastándolo mientras gritaba sin poder moverse.

De momento Miguel abrió los ojos en su cama, alguien que parecía ser su mamá le saludaba feliz, mientras le visitaba en su cuarto, y estaba acompañada por un conocido evangelista. Le trajo un regalo: Unos zapatos blancos de correr.

Al despertar inmediatamente luego, se dio cuenta que había sido todo un muy real sueño. Se sentía todavía fuertemente en el apartamento, la esencia de que había habido una visitación espiritual. Fue de momento cuando se activó un recuerdo específico.

Tan solo un año después de la muerte de su madre, hace ya un tiempo, también había tenido un sueño en el cual la tierra temblaba y una bestia horrible emergía de lo más profundo de lo que parecía ser un hoyo, causado por un previo temblor de tierra. Dentro del hoyo, hacia un lado, había una mujer hermosa, vestida de novia, que lloraba. Jesús aparecía en escena y corría a una velocidad sobrehumana. Su cuerpo era fuerte y sacaba a la mujer del hoyo con su poder mientras la horrible bestia subía y emergía para hacer daño, a lo que el Señor exclamó: "¡Yo protejo a mi novia!"

....

En medio de la nieve y del frío soplido de viento, cerraba sus ojos y vivía una y otra vez las promesas de Dios para su vida por medio de las revelaciones, la esperanza bíblica, y de todo lo que había sido grabado en su corazón y seguía grabándose. En lo que se podía llamar una "pasada opresión", ni tan siquiera había podido proseguir con la elaboración de sus libros y no había sentido la misma libertad como ahora para salir a llevar la Palabra. Ahora era diferente. Continuaría yendo a otros países como Ecuador, y se aproximaba también Chile, en donde Dios se glorificaría grandemente, así mismo por igual, a cualquier lugar que fuera guiado a ir.

Si hay algo seguro, es que Dios siempre tiene el control y que el proceso no cambia la promesa. Todo lo que se tuviera que cumplir se cumpliría.

Lejos de todo lo pasado, Miguel podía sentir algo clave en medio de la nieve mientras caminaba, a lo que su sonrisa se acrecentaba gradualmente. Era algo que ya era de por sí una gran victoria, y ese "algo" era… PAZ.

CONCLUSIÓN

Cuarenta días después de su resurrección, Jesús y sus discípulos fueron al Monte de los Olivos, cerca de Jerusalén. Jesús hacía la promesa del Espíritu Santo y les decía permanecer en Jerusalén hasta que viniera. Los bendijo, y todavía mientras le daba la bendición, comenzó a ascender al cielo de forma literal y corporal, levantándose gradual y visiblemente de la tierra, siendo observado por sus maravillados y atentos espectadores. Los discípulos se esforzaban por dar la última mirada al Maestro, hasta que una nube lo ocultó de sus ojos.

Era el fin de su ministerio terrenal y a la vez el éxito de su obra, cumpliendo con todo lo que vino a hacer, y a la vez el inicio de un nuevo ministerio como Sumo Sacerdote y Mediador de un Nuevo Pacto. Fue allí mismo, cuando dos ángeles se le aparecieron a todos y prometieron:

-Este mismo Jesús, que ha sido tomado de vosotros al cielo, así vendrá como le habéis visto ir al cielo.

Era más que claro: Cuando Jesús venga para establecer su Reino, regresará de la misma manera que se fue: Literal, corporal, y visiblemente entre las nubes, pero con TODO su poder y con TODA su gloria.

La Biblia nos ayuda a entender los éxitos, los fracasos y las consecuencias buenas o malas de las decisiones de los que fueron grandes hombres de Dios, para de esta manera encaminarnos por el camino correcto y sin significar para nada que estos grandes personajes bíblicos no hayan sido perdonados o que se deba de guardar rencor contra ellos. Nos ayuda a ver no al hombre, sino a Jesús, el único perfecto, nos ayuda a entender, para estar conscientes de nuestra humanidad y a saber que hay esperanza pero por medio de Él.

Por eso así mismo, mi oración es que los que han sido parte de mi historia, que hicieron el mal, se arrepientan. Así como David, un hombre justo se arrepintió, y así como a lo largo de la historia, Israel se arrepentía y volvía a Dios a pesar del previo extravío.

"El Señor no retarda su promesa, según algunos la tienen por tardanza, sino que es paciente para con nosotros, no queriendo que ninguno perezca, sino que todos procedan al arrepentimiento" (2Pedro 3:9)

La pregunta es ¿qué esperas de tu Mesías libertador? ¿Solo prosperidad material? ¿O estás consiente de lo eterno? ¿Estás preparado para las batallas que enfrentes o piensas que ya dejarán de existir? Y además... ¿Qué esperas de los ministerios y predicadores? ¿Qué prediquen y hagan como tú quieres y piensas? ¿O prefieres escuchar y atender la voz de Dios?

"Y se afirmarán sus pies en aquel día sobre el monte de los Olivos, que está en frente de Jerusalén al oriente; y el monte de los Olivos se partirá por en medio, hacia el oriente y hacia el occidente, haciendo un valle muy grande; y la mitad del monte se apartará hacia el norte, y la otra mitad hacia el sur" (Zacarías 14:4)

CPSIA information can be obtained
at www.ICGtesting.com
Printed in the USA
LVHW061004310820
664627LV00012B/105